识干家

企業閱讀　學以致用

10步成功运作
白酒区域市场

因地制宜　突出重围

朱志明◎著

市场攻守 产品攻略 淡旺季营销 占领渠道 玩转促销
新产品上市 区域精耕 模式制胜 大众酒营销
搞定经销商

中华工商联合出版社

图书在版编目（CIP）数据

10 步成功运作白酒区域市场/朱志明著．—北京：中华工商联合出版社，2015.4

ISBN 978-7-5158-1233-5

Ⅰ．①1…　Ⅱ．①朱…　Ⅲ．①白酒－市场营销学－研究－中国
Ⅳ．①F724.782

中国版本图书馆 CIP 数据核字（2015）第 047051 号

10 步成功运作白酒区域市场

作　　者： 朱志明
责任编辑： 于建廷　效慧辉
责任审读： 郭敬梅
封面设计： 久品轩设计
责任印制： 迈致红
出版发行： 中华工商联合出版社有限责任公司
印　　刷： 三河市文阁印刷有限公司
版　　次： 2015 年 5 月第 1 版
印　　次： 2015 年 5 月第 1 次印刷
开　　本： 787mm×1092mm　1/16
字　　数： 210 千字
印　　张： 15
书　　号： ISBN 978-7-5158-1233-5
定　　价： 56.00 元

服务热线： 010－58301130
团购热线： 010－58302813
地址邮编： 北京市西城区西环广场 A 座
19－20 层，100044
http：//www.chgslcbs.cn
E-mail：cicap1202@sina.com（营销中心）
E-mail：gslzbs@sina.com（总编室）

博瑞森图书：企业阅读　本土实践

亲爱的读者朋友：

也许您是博瑞森图书的老读者，也许是新朋友，欢迎您阅读博瑞森图书！

当今中国，各行各业都存在着转型升级的压力与机遇。博瑞森图书与您一同应对转型挑战并发现其带来的机遇。

我们一直在问：什么样的书能为您解决管理难题并带来启发？

我们一直在找：哪些作品能帮助企业从跟随到领先？

我们一直在做：把最好的作品以最便捷的方式呈现给您，纸质版、电子版、书摘邮件、微信……

我们策划图书的原则是：

- 企业阅读——与您一样，做水中的游泳者，而非岸上的观众或教练，企业的困惑就是我们的任务。
- 本土实践——与您一样，立足本土环境，追求卓越实践，传播最适合当下中国企业的管理之道。

我们也向所有的企业管理者、管理咨询专家和企业研究者征稿，让更多被实践检验的好思想、好方法迸发出来，为企业助力！（bookgood@126.com 或 QQ：1963328416 或手机号 13611149991，绝非“自费出书”，不向作者收取任何费用）

如果有一天，您把博瑞森图书视为您优秀的事业伙伴、管理助手，我们也就实现了自己的梦想。

博瑞森图书

前言

成功源于道法合一

成功源于战略重视与策略匹配，一切皆在规律与方法的运用上。

区域操盘者唯有真正掌握了区域市场运作的战略、战术、兵法，才能在区域市场的攻伐防守中运筹帷幄、纵横驰骋，立于不败之地。

因企业的资源不同、产品不同、品牌力量不同、市场战略地位不同、市场发展阶段不同，采取的进攻策略与战术动作也不同，是采取侧翼进攻战，还是直接对抗战，抑或是游击战术？必须在知己知彼知环境的情况下，因时因地因资源采取匹配的产品组合、营销模式、组织模式（含厂商合作模式）、终端布局、进攻策略等，才能赢得市场战争的胜利。

每个区域市场的成功都必然经历产品或品牌不同的发展阶段，比如，如何成功导入新产品、如何高效推广新产品、如何快速动销、如何快速爆发、如何保持产品持续旺盛的生命力，背后都有清晰的规律与成熟的经验。区域操盘者如果没有深度研究其中的奥秘，跟着感觉走或人云亦云，势必导致市场夭折或遭遇滑铁卢。

中国白酒渠道虽然简单、直接，但每个渠道的价值、地位、功能、作用却不同。区域市场中的餐饮渠道、烟酒店渠道、团购渠道、喜宴市场怎么做，哪些渠道先做，用什么样的产品，聚焦哪个价格带做，采取什么营销模式，配置什么样的组织结构，计划投入多少资源，区域操盘者必须有清晰的思路，深度理解这些渠道的功能、作用，才能有章法地运作各类渠道，并不断收获渠道贡献的价值。

对中国市场来说，促销是营销的主旋律。为什么有的企业在区域市场花了很多人力、物力、财力做出的促销活动，结果却是劳民伤财？为什么有的企业在短期内实现了销量增长，但是增长过后却是无尽的伤痛，使区域市场更加被动呢？为什么有的企业在促销推广的驱动下，促进了品牌成长、提高了销量、增强了渠道的活力？任何促销形式，无论是产品生命周期促销，还是淡旺季促销，抑或是渠道促销与消费者促销，终极目标都是解决区域市场或品牌的发展问题，而非仅仅为了销量。所以，区域市场的操盘者必须充分把握促销活动背后的规则与规律，才能保证销量与品牌双成长。

模式仿佛是当今时代最流行的词，不谈模式就被认为是落后，于是，许多模式被一些专家或区域操盘者鹦鹉学舌般地拿来使用，却没有深度研究模式背后的规律与适应性。不同的模式往往对应不同的产品特性、不同的发展阶段、不同的资源优势、不同的组织结构、不同的市场类型、不同的推广手段等，仅仅纸上谈兵，不结合实际，会使区域市场遭遇波动或陷入万劫不复之地。

区域为王是每个区域操盘者和企业的终极目标，如何才能区域为王呢？如何通过小样板市场的成功取得整个区域市场的成功，如何对区域市场内的各种渠道进行深度精耕与营销呢？区域操盘者或企业必须明白区域市场布局与做点的艺术，懂得样板市场复制的规律与模式，以及市场精耕的战术、方法，才有机会快速实现区域为王的目标。

对区域市场操盘者来说，区域市场的成功不仅源于经销商的有效选择与高效管理，还离不开区域市场销售队伍的超强战斗力与高效协作，以及上级领导的赏识、认可、信任和资源提供、策略帮扶等方面的支持与配合。所以，区域操盘者必须规划出市场操作必需的销售目标、产品组合、营销模式、推广策略、促销计划、渠道规划、价格管理、资源分配、组织力量、绩效管理等要素的组合与实施过程，才能得到上级领导、经销商，以及下属深度拥护与高度配合，才能为成功打造区域市场交一份完美的答卷。

所以，本书从市场攻守、产品攻略、新产品上市、占领渠道、玩转促销、区域精耕、淡旺季营销、搞定经销商、模式制胜、大众酒营销十个层面阐述了目前中国白酒区域市场实战营销需要的营销策略与战术动作，但愿此书能给征战在区域市场一线的营销战士、区域经理、企业高层提供帮助。不足之处，望来电、来函，共同交流学习。

朱志明

2014 年 9 月 24 日

目录

第 1 章

市场攻守

1.1 市场的定位与细分

没有定位就没有方向，没有定位就没有轻重缓急。

市场有重要程度之分，有发展阶段之分，也有发展节奏之分，不同的市场需要采用不同的竞争策略。哪些市场必争、哪些市场放弃、哪些市场承前启后，企业领导者要充分认识区域竞争格局，透彻分析企业的资源情况，只有企业的资源与市场的需求匹配，市场才能够良性发展。

一、根据市场价值高低定位

我们根据市场价值（市场容量、影响力）高低和企业资源配置程度（品牌、人力资源和市场投入），将区域市场分为战略市场、战术市场、机会市场。

（一）战略市场

战略市场一般是指市场容量大、辐射力强、战略纵深地位非常高的市场。这种市场分为两类。

一是省会城市市场。这类市场竞争激烈，费用投入大，难攻也难守。进攻这类市场不能急功近利，只有制订中长期计划，稳扎稳打，持续投入，才能取得竞争优势，才不会影响其他市场。

二是企业本市或本县市场的根据地市场。这类市场区域品牌具有得天独厚的群众基础和政府资源，针对这类市场，区域品牌必须采取高强度占有策略，也就是防御策略，做到全价位覆盖、掌控核心终端、加大传播资源的投入力度、核心消费者“封口”，不给竞品可乘之机。如西凤的西安市场，今世缘的南京市场等。

区域品牌没有战略市场无法生存，如同无根之木，无法快速发展。区域品牌必须聚焦资源建立战略市场，一个强大的军队必须有欲进则进、欲退可守、自给自足的造血市场，一个没有根据地的军队充其量是四处游击的草寇，不会坚持太久。

（二）战术市场

战术市场一般是指市场本身不太重要，但市场潜力大、竞争激烈程度相对不高、开发成功率高。这类市场考察的重要指标：当地市场是否有主导品牌、主导品牌营销水平、消费者消费水平和消费习惯、渠道网络是否密集。这类市场要求企业集中资源，速战速决，使之成为企业的利润型市场。这类市场要求企业有很强的市场洞察力和贯彻策略的决心，以及经销商实力、组织保障、执行力等因素的高度组合。

区域品牌不能持续快速发展的原因主要是开始时过于盲目、分散投入、耐心不足、缺乏管理、人力不足等，市场的拓展不仅考验企业的市场观察力和决策信心，还考验企业的综合竞争力。

当年，沧州市场处于十里香与御河老酒的混战中，没有绝对的领导品牌，十八酒坊占据中高档细分市场，柔和产品一直没有良好的表现。2010年，板城烧锅酒聚焦沧州，主推盛世普宁酒，实现了6000万元的销售额，抢夺了中档市场。

（三）机会市场

机会市场一般是指企业目前没有能力开发的市场，但是有强势经销商或者明显的市场需求机遇出现。这时，企业可以根据区域市场采取针对性的措施，作为战略之外的独立市场开发，采用买断、低价操作、包销等模式，企业基本不投入资源。

在浙江市场，伊力特和商源公司采取特殊的合作方式，让经销商成为市场运作的主角，将伊力特曲运作成浙江中档酒市场第一品牌，年销售额高达3亿元。然而，目前这类市场越来越少了，因为经销商的主动地位不断提升，早已不是帮企业卖货的工具了。

迎驾酒业在江苏市场抓住了洋河、今世缘、双沟三大品牌，把竞争的焦点集中在60元以上的产品，给外来品牌留下机会。迎驾酒业抓住了35～40元的价格带机遇进攻江苏市场，取得了不小的成就，成功地打造了除安徽市场以外的第二大战略市场。

上述分类坚持企业资源最优化运用原则，随着市场的发展和企业资源的变化，战略市场、战术市场和机会市场也会发生变化，竞争策略也要随之变化。

二、根据品牌竞争地位强弱定位

我们根据品牌在市场中的发展阶段和竞争力强弱，将区域市场分为成熟型市场、成长型市场、导入型市场和衰退型市场。

在不同市场的不同发展阶段，由于市场占有率不同，品牌影响力和竞争强度均有较大差异。因此，面临的市场问题、操作重心和营销目标截然不同，必须针对不同的区域市场设定针对性的竞争策略。

（一）成熟型市场

成熟型市场：企业品牌处于主导地位，品牌力和通路力较强，竞争品牌不能对其构成威胁。这时候的策略重心是做大市场规模，打击潜在的竞争对手。

在做大市场规模方面，采取延伸品牌策略，充分发挥主导品牌对企业品牌的带动作用，延伸主导品牌或开发企业新的产品系列，形成互补型全覆盖的产品线。

在打击竞争对手方面，主要是渠道细分，通过占领核心终端、渠道下沉、整合分销资源，增强与优质经销商的合作，不给竞争对手可乘之机。高覆盖的产品线并不是随意开发的，产品线结构与品牌结构建设息息相关，涉及区域品牌将来主导产品和成熟产品、共卖产品的生命周期，涉及打造品牌形象和维护市场秩序。

板城在承德市场确保主导产品稳定，采取多品牌战略开发了农村宴请市场、婚宴市场、现代商务市场，完善板城龙印、板城和顺、板城烧锅蓝经典、红盛世、小豹子等产品结构，本地年销售额2亿多元。

（二）成长型市场

成长型市场：企业的明星市场，企业的品牌力处于上升期，消费者对品牌的新鲜感和吸引性持续增强，在短时间内迅速打开通路，产品的价格空间调动了终端商的积极性，终端推荐和消费者自点率逐渐提高。这时，企业要一鼓作气，加强火力，提高品牌的传播投入，增强品牌新鲜度和保持品牌个性的延续性演绎，进一步稳定老客户和开发新客户。同时，拓宽渠道，提高市场占有率，做好终端的建设和维护工作，击溃竞争品牌，使市场成为稳定的利润型市场。根据市场的变化和品牌在当地的发展趋势，企业要审时度势，采用偏袒策略，倾斜资源，抓住机会将成长型市场建设成为成熟型市场。

（三）导入型市场

导入型市场：在这类市场，企业的品牌知名度低，没有形成消费群体，招商质量差，通路基础也不扎实。企业品牌在这类市场属于陌生者、外来者，区域强者在品牌、渠道、资源、人力方面占有绝对优势。这类市场的策略重心是侧翼进攻，用细分产品、细分渠道、细分区域等方法避开直接竞争，同时聚焦资源投放在有代表性的部分核心终端、核心区域，建立自己的核心主推店、样板街等，形成突破口，带动市场。

山东花冠进攻济宁的梁山市场，聚焦流通渠道25元、餐饮渠道40多元的冠群芳单品，依托这个价格带和单品，同时聚焦单一渠道餐饮店，打造样板街，实现快速突破。目前，花冠在这个市场约有5000万元的市场份额。把有限的营销资源集中在单品上，然后通过系列营销策略组合的运用进行市场推广和品牌建设。

（四）衰退型市场

衰退型市场：企业的问题市场，品牌形象固化、市场占有率下降、产品利润空间透明、终端阻截现象严重、经销商转卖竞品，这时，如果企业没有大的思路调整，就容易出现一边倒的局面。企业要做两件事：一是改变消费者对品牌的固化认知，利用新的品牌概念与消费者互动，活化品牌形象；二是开发新产品，做好替代老产品的准备，减少老产品投入，利用新产品重新整合优势经销商。只有品牌有了魅力，产品有了利润，渠道有了动力，衰退型市场才能有所改观。

三、根据市场打造先后顺序定位

根据市场开发的先后顺序，合理分配企业资源，把握竞争节奏，将市场分为样板市场与板块化市场。

（一）样板市场

区域地头蛇成为区域霸主，是战略样板市场为其进一步扩张奠定的发展基础，如衡水老白干成为“河北王”、西凤酒成为“陕西王”、牛栏山成为“北京王”。很多区域品牌都有快速扩张的野心，但是由于资源、队伍、品牌、资金等，毫无竞争优势，失败而归。聪明的企业开始总结失败的原因，探索发展的真理——“攘外必先安内”，只有做好样板市场，才有实力与经验外拓。因为样板市场既是企业所在地市场，又是战略性造血市场；既是最有资源优势的市场，又是易守难攻的市场。只有样板市场坚不可摧、根据地市场稳定，才能为出征外埠市场提供必要的供给。哪怕进攻失败了，也有休整疗伤的温床。同时，也为企业积累成功的经验、锻炼执行队伍，为招商起到榜样作用。集中突破区域样板市场的竞争模式是中小企业发展的必由之路，是区域品牌腾飞具有战略意义的一步棋。

（二）板块化市场

市场板块化发展是企业的一种市场战略布局，目的是形成攻守兼备的竞争格局。格局的形成必须依靠样板市场集中突破与战术市场的高效联动，形成“星星之火，可以燎原”之势。围绕样板市场的辐射能量，大区域布点、连点成线、连线成面，构建战术市场、保护战略市场的攻防系统。

洋河蓝色经典的成功得益于区域市场布局的成功。洋河蓝色经典采用“屁股和拳头”策略，在市场扩张方面采取建设样板市场、板块市场、连片开发的“快三步”策略，立足江苏市场，开启南京市场，并选择江苏沿江八市（镇江、无锡、常州等）集中资源拓展区域市场，先做稳“屁股”，再把“拳头”伸向够得着、抓得住的战术市场，外拓河南、安徽、山东等市场，步步为营，逐步形成板块市场，意图构建华东大板块市场。同时，依托华东市场，进军全国市场。区域品牌必须有战略眼光，将战火辐射的更远，并不是处处树敌，选择战术市场导入，耐心耕耘、等待时机。大板块市场形成共卖产品，聚焦品牌力量，扩大并有效利用传播资源，随时准备发起进攻。

1.2 发起市场进攻

区域市场营销战争的胜利需要清晰的市场定位、合理的市场布局，更需要精准与独特的区域市场具体进攻的策略方法，否则，企业就会陷入拉锯式的消耗战中。

攻克一座城池，最聪明的打法是，先聚集力量打开一个缺口；拿下一个市场，找到进攻市场的突破口或成熟机会点，单点突破。

我们看看营销战最常见的区域市场进攻的三种策略与方法，但这里主要强调侧翼进攻的策略。因为侧翼战是最有创新的进攻形式，但凡以弱胜强式的重大营销战都有侧翼战的影子。

一、侧翼进攻的策略

侧翼战的本质是四两拨千斤的进攻，寻找并抢占市场机会与时机，创造差异化路径，避免直接对抗领先者，采取迂回战术，抢占新的制高点。

下面，我们具体阐述一下区域市场侧翼进攻的四大策略。

（一）细分区域侧翼进攻策略，巧妙避开众品牌的挤压

在区域市场进攻战中，众多企业都是处在前有狙击，后有追兵的状态。如果与对手直接竞争就是资源、资本的直接对抗，而且胜负难料。如何回避围攻品牌，从目前竞争相对薄弱区域或对手的渠道盲点明显的某个细分市场做起。只有摆脱成熟品牌竞争的旋涡，保持自身品牌的生命力才有机会突围。

湖北稻花香集团旗下的关公坊品牌，在运作武汉市场之初，品牌力和产品力都不太强势，没有选择在武汉市场与枝江、黄鹤楼、白云边等成熟品牌直接对抗，而是选择了武汉周边的郊区市场，以“农村包围城市”的深度分销策略切入市场。武汉的郊区市场因为成熟品牌关注度相对不高，关公坊牢牢抓住这个机会，在郊区市场全面成熟后渗透武汉城区市场，短短几年的时间就从名不见经传的小品牌成长为湖北区域市场重量级的白酒品牌。

山东菏泽的花冠酒业进攻一个市场，会选择餐饮店集中的区域，集中资源打造样板街，以此带动整个市场的发展。以梁山县为例，2009 年，其市场几乎被当地的酒厂垄断。花冠酒业进入后，选择了 20 个餐饮集中区，利用竞争品牌在这些地方粗犷式管理的劣势，投入优势资源，通过精细化终端操作和动销活动形成品牌优势，从而带动整个梁山市场的发展。如今的梁山县，已经成为花冠酒业的样板市场。

（二）细分价格带侧翼进攻策略，在无人之境中竞争

中国白酒的竞争是区域市场的争夺战，更是细分价格带的抢夺战。对进攻性品牌来说，一定要研究竞争对手留下的价格空隙，如果这个价格带又有很大的消费需求，就是千载难逢的进攻机会与突破口。

安徽金种子酒业是一家上市公司，可谓财大气粗，但面对徽酒竞争（徽酒主要聚焦 60 元以上的政商务价格带），也不得不避开直接竞争，采取侧翼进攻策略，依托中低端主流价格带（当年，祥和产品 35 元、柔和产品 50 元；现在，随着消费升级而涨价），聚焦二、三级市场策略，取得了众多二、三级市场绝对垄断地位，曾在安徽 18 个县取得超过 1 亿元的销售额。

安徽金裕皖酒还是一个新生企业、新生品牌时，同样采取了细分价格带侧翼进攻策略，快速创造了企业黑马的传奇，创造企业从 0 到 3 亿多元的传奇。金裕皖酒给自己找到一个适合现状的侧翼进攻的策略，做大企业不愿意做、小企业做不了的中低端产品（10～30 元的价格带产品）。因为在这个价格带，徽酒品牌没有强势品牌，外来品牌还没有深入安徽市场，是一个很好的价格空档与市场机会点。然后，结合灵活创新的营销战术，如独特的包装设计，花样繁多的促销方式，一地一策、一店一策的营销打法，金裕皖酒很快成为徽酒中的一颗耀眼的明珠，销售额一度超过 3 亿元。

（三）细分核心渠道的侧翼进攻策略，发挥单一渠道操作模式的最大效能

对进攻性品牌来说，如果企业本身可提供的自有资源不多，可以借助的市场资源也不多，就只能选择以退为进的市场策略了。固化渠道模式、占领单一渠道、有效地集中资源，在该渠道做到最好，形成自己独特的品牌竞争力。

合肥市场的迎驾贡酒来自安徽霍山，当年来合肥市场，市场上很难看到迎驾品牌光鲜的身影。但是，迎驾进入合肥市场后，就一头扎进酒店渠道，在酒店渠道将自身资源聚焦，配合其在多个市场操作后，在相对成熟的酒店采用盘中盘渠道模式进行细化管理操作，牢牢封锁酒店渠道，以至于其他品牌兜里揣着钱都没有酒店愿意做。在此期间，迎驾遭遇了口子窖、种子酒、古井、文王等徽酒品牌的打压，一路上过关斩将，在短短几年时间里，迎驾就跃升为销量第一的徽酒品牌。

皖酒旗下的百年皖酒天青产品被蚌埠某经销商买断，虽然皖酒品牌在当地有强大的品牌背景，但受资金限制，在渠道推进方面，该经销商并没有全面铺开，而是选择自身资源相对丰富的某个区域市场，通过渠道细分，集中精力进入公关团购渠道，成为接待用酒，并选择对一些公务、商务活动频繁的酒店、会所进行辅助操作。经过一段时间的精耕细作，天青已在意见领袖群中建立起口碑，普通消费者主动消费产品。2010年，在春节来临之际，天青向二级批发商、名烟名酒店等常规渠道渗透，最后大获成功。

（四）品牌公关式侧翼进攻策略，打造品牌势能

成熟品牌因为强大，注重销量，却忽略了形象。在品牌突围中，进取性品牌恰当地运用品牌形象攻关，可以达到品牌造势的目的，从而跻身强势品牌之列，获得消费者的好感。

宣酒于2009年进入合肥市场，总销量虽然不大，但品牌传播的方式却很明显。宣酒在宣城是本土成熟品牌，但是其开发合肥市场面临品牌知名度不高的问题，为了改变并树立宣酒在消费者心中的形象，先是聘请了李幼斌为品牌形象代言人，同时开展渠道传播和品牌传播活动进行品牌公关。虽然宣酒在合肥市场的销量并不大，但宣酒的品牌美誉度相当高，足以证明，其品牌形象的侧翼进攻策略是成功的，为后期宣酒在合肥市场创造数亿元销售额打开了一扇门。

二、发起直接进攻

通过侧翼进攻，你的品牌在某个区域市场处于第二或第三，为了进一步提高市场占有率与销售额，运用一定的市场策略，可以对市场领导者（第一品牌）发起一场持续性攻击战。但要清楚一点，你的强敌比你更强大，如果全面出击，很有可能，敌人受了伤而你却阵亡了。

（1）把握“三四率”，提高市场竞争力。认真研究如何减少领导者的市场份额，降低“三四率（最小的竞争者的市场份额不能小于最大的竞争者的1/4，否则就不能有效地参与直接竞争）”，减少竞争对手的市场占有率。

（2）找到薄弱处，集中资源，狠狠攻击。就像飞在空中的雄鹰，要看准地面目标的弱势（如一只狼），要对准它的一条后腿，不停地持续攻击，直到其变成“三条腿”，然后对准另一条后腿持续攻击，直到其变成“两条腿”，这时，狼肉就全部归雄鹰享用了。

（3）尽可能在一条较窄的战线上发起攻击。如第一领导品牌主导产品的终端消费价是每瓶40元左右的三星，而四星和五星是其薄弱产品。你不妨用终端消费价每瓶50元左右的四星彻底占领目标市场的四星价位产品的消费界面，成为这个产品界面的领导者，从而带动三星的销量，夹击领导者。也就是说，你必须巧妙地运用拥有的一切，在某个决定性的点上创造出相对的领导优势。

（4）力量强大，可以直接对抗。如果你的力量足够强、资源足够多，足以打败领导者，就加大投入力度，直接与领导者展开“肉搏战”。

三、局部游击战

游击战的核心策略是找到一个细分市场，要小的足以守得住，比如，在区域选择县城或乡镇市场，或者在产品细分上锁定团购、婚庆市场。游击战的目的是尽量缩小战场以赢得兵力优势，做“小池塘里的大鱼”，比如，乡镇市场为王、某个细分渠道为王。

游击战是生存中求发展的战争策略，要灵活敏捷、决断迅速、兵力集中、抵制分散兵力的诱惑，否则就是灾难。

我们在为安徽的一家酒厂提供服务时，发觉四川的小角楼在某个县的一些乡镇市场做得非常好，几乎处于垄断地位。

调研发现，做小角楼酒的经销商由于实力不强，厂家支持力度也不大，很难直接从县城开始操作市场，也很难从中高端产品入手，因为直接从县城操作需要投入很多资源。小角楼酒的经销商，只选择一个人脉关系丰富的乡镇市场，从中低端酒着手。由于产品没有知名度，缺少资金做广告，小角楼酒的经销商采取先赊销、卖完付款的策略，而且在操作过程中，频繁举办免费品鉴活动，以及根据酒店终端老板的心思，给予独家经销产品的资格，大大提高了客户主推的积极性。

不出6个月，小角楼的产品在这个乡镇市场的销售势头很旺。然后，这个经销商就选择一个比较大的镇，在当地找了一个分销商，借助分销商的网络和资源，着手操作第二个乡镇市场。由于乡镇市场的辐射和影响，许多终端主动找小角楼酒的经销商合作。

如果能凭借游击战在局部小区域成就王者地位，积蓄实力，提炼模式，就有机会与能力转换为侧翼进攻战，逐步蚕食对手的市场。

1.3 展开市场防守

在区域市场，无论多么强势的品牌都存在危机，有来自势均力敌者的直接进攻、有来自挑战者的侧翼进攻、有来自游击者的游击骚扰。强势品牌如果不能从容面对竞争品牌的围攻，就会在不知不觉中被竞争者蚕食。

面对这种情况，企业或者区域掌舵者需要做好哪些防御工作呢?

防御战一定是系统战，区域市场的操盘者必须用系统综合的思维模式，系统整合品牌、推广、渠道、终端、产品线、市场、资本、组织、经营模式等关键要素，不给竞争者留下空隙，防止其找到明显的、有重大破坏力的攻击点，打造一个全面封锁、铁桶般的市场。

一、不可疏忽的品牌忠诚打造

在区域市场进攻中，没有比撼动消费者的品牌忠诚度更难的了。但是，许多区域市场强势品牌在取得了区域强势地位后，反而轻视品牌忠诚度的打造工作，最明显的就是压缩强势区域广告、减弱公关力度。

在区域市场取得领导地位的品牌，无论何时都要强化品牌在消费者心中的地位，坚持这种战略又怎么会输呢? 这种市场又怎么会萎缩? 市场领导者最容易犯的错误就是以为取得了市场领先地位就可以削减推广费用和频次，而市场地位的转变往往就是从削减开始的。品牌推广手段多样化，品牌推广活动常年化和制度化，尽量和本地区优势媒体建立排他性的合作，为竞品的市场和品牌推广设置障碍。

广告与公关绝对是一个捍卫品牌地位、保证品牌忠诚度的秘密武器。无论对消费者还是对渠道来说，品牌在取得了强势地位后，依然对消费者和渠道不离不弃、关爱备至，一般就不会遭到消费者与渠道背弃。任何品牌，只要抓住消费者与渠道，就永远不会让对手有机可乘。

河南永城市流传着一句话："不喝皇沟酒，对不起高全友。"这不仅说明了皇沟酒的品质好，还证明了皇沟酒品牌公关做得好。皇沟酒连续多年在当地大力推行"亲情工程"：把乡村一级的干部都邀请到酒厂，实地参观皇沟酒厂，这些"亲情大使"离开酒厂后都成了皇沟酒厂的义务宣传员。在经销商与商超渠道方面，皇沟酒实行专员负责制，要求业务经理必须关心经销商和商超渠道老板。皇沟酒为所有经销商和商超渠道老板建立档案，详细记录其家庭、住址、嗜好、生日等。每逢红白喜事、生日等，皇沟酒董事长都亲自带队参加。

同时，厂商之间经常组织联谊活动，随时沟通、交流。当地酒店或商超渠道，均有皇沟酒的促销人员。皇沟酒促销人员除促销外，还有两项工作必须完成——对消费者进行登记和让消费者填写意见反馈卡。皇沟酒还制定了对消费者电话回访的制度，了解消费者意见并赠送资料及礼品。皇沟酒建立了一个数量庞大的消费信息库，由专人每天整理这些信息。另外，皇沟酒还对消费者建议进行可行性评定，评选各等奖项，对消费者进行奖励。通过这种亲情式的营销，皇沟酒拥有了自己的核心消费者，在永城地区取得80%的市场占有率。

二、多产品全价位封锁性的高占有

任何区域市场白酒品牌的领导者具有遥遥领先的优势、市场份额超过50%时，就可以通过产品线拉伸狙击竞争品牌。拓展产品线的宽度和深度，最大限度地狙击竞争品牌。这时，产品的策略应该转化为"系列对抗单品，实现产品系列化突围"，以最大的市场占有率及最活跃的品牌表现彻底屏蔽对手品牌。

事实上，强者出现，必然有众多品牌进行竞争性围攻。因此，在强化产品线、产品系列化突围的同时，要把握好产品开发的进度和产品开发策略。

具体做法如下：

（1）丰富和梳理产品线。在主导产品成为领导者后，发挥“一人得道，鸡犬升天”的能量，重点是战术产品和形象产品的梳理、丰富和有效组合。同时，要注意不能让自己的产品“打架”，消耗资源。

（2）主导产品升级换代。一个品牌的没落，往往是因为主导产品老化或者没有及时升级换代、被对手抓住时机取而代之。产品升级换代（特别是换装）规律：在主导产品生命力最旺盛的时候，就要准备培育升级换代的产品，老产品成熟了，新产品成长了，避免陷入老产品衰退、新产品还在培育的困局。同时，坚持中档产品高档包装、低档产品中档包装的原则（坚持向上越级、物超所值的原则）。

（3）推出补充性产品。如经销商包销、贴牌、定制等特殊补充性产品的推出，既能达到占位目的，又能达到扰乱对手阵脚的目的，占领渠道资源，实现汇量增长，不断地给消费者新的亮点。

宝丰在平顶山市场，餐饮、商超渠道、团购、名烟名酒店、流通五大渠道，从原来的年份酒、大会堂特制宝丰酒、国标酒、39 度防伪宝丰酒、特供宝丰大曲系列产品到新研发的核心战略品牌“国色清香”系列产品等，涵盖了千元以下所有主流价格区间。目前，已经实现市场的深度覆盖并成为平顶山市场的第一品牌。

三、屏蔽渠道，坚壁清野

区域市场在取得一定市场地位后，要想巩固市场地位，必须采取“屏蔽渠道，坚壁清野”的策略，“只要渠道在，阵地就会在”。

具体做法如下：

（1）强化渠道扁平化层级。核心是取消二级批发商网络，经销商直接面对、掌控和服务终端，减少渠道多余环节，让管理更加精细化与扁平化。

（2）渠道分类管理与层级管理。根据渠道类型（流通、餐饮、商超、团购等渠道）、根据各渠道的层级（核心网点、重点网点、形象网点、一般性网点等）导入不同的、相匹配的合作模式、管理方式、利益分配模式等，形成清晰的利益链结构设计，加强市场价格管理，避免市场混乱，建立稳定、持续的合作模式。

（3）打造战略合作联盟体。经销商、核心终端店在这些渠道中往往有核心渠道成员，他们的销量和市场影响力比较大，只要企业与市场的核心渠道成员形成战略同盟，竞品就很难切入市场。同时，能有效避免竞品恶性或自杀性价格冲击和强行买断终端的冲货、人员买断等行为。

（4）建立形象终端。在区域市场建设形象终端（专卖店、形象店），树立标杆形象。

河南某白酒企业在巩固根据地市场时，买断具有形象功能、销量功能的餐饮店，而且对烟酒店打造不同等级的联盟体店，对具有婚庆功能酒店与烟酒店、商超渠道等进行捆绑合作，对团购代理人采取员工式合作模式，对不同类型、不同层级的网点导入匹配的产品与价格，确保其旺销。

更厉害的是，与每个乡镇市场的核心分销商都签订了年度销售合同，分销商必须缴纳1万元的保证金，保证不销售其他品牌白酒。另外，企业有权在每个乡镇市场终端网点中选择30%的核心终端客户建立联盟体，每个核心联盟户必须和企业签订销售合同，联盟体由企业直接掌控，联盟体的销量算分销商的任务量，分销商和核心终端联盟体执行刚性价格体系。该企业在保证分销商和核心终端店利益最大化的基础上建立渠道壁垒，充分巩固了自己的根据地市场。

四、品牌持续创新，自我进攻是最佳的防御

白酒品牌发展的规律告诉我们，产品老化是永恒的话题。产品和营销思维被固化、格式化后，很难突破最终的思考底线。因此，在品牌建设和发展过程中就必须学会自我否定，这是事物发展的规律。

洋河蓝色经典通过酒店终端操作模式创新和新口感（绵柔）、新颜色应用（蓝色）、新价格带占位（200元左右的中档价格）创造了品牌奇迹。当这种竞争模式被大量复制的时候，洋河在市场上遭遇了空前的危机。洋河蓝色经典显然意识到了这点，通过品牌二次裂变——开发梦之蓝系列产品，抢占更高价位完成品牌升级换代，不断地强化“中国绵柔第一品牌”的诉求，提高品牌建设壁垒和领导地位。由于品牌创新的力度较大，洋河梦之蓝系列产品在市场上的表现也越来越好。洋河蓝色经典的品牌裂变行为在中国白酒营销防御史上具有一定的推广作用。

五、高效组织管理系统

多产品、多渠道、营销团队大幅增加，管理复杂性呈几何级增长。建立高效的执行体系、保持强大的执行力是区域强势品牌持续增长的关键，也是市场防御不可缺失的关键力量。

（一）以市场为中心

许多品牌在区域市场取得阶段性胜利后，容易产生小富即安的心态，危机意识、管理力量、团队执行力、服务能力会减弱。许多区域市场的失守，就是因为区域市场的管理出现了漏洞，让对手有机可乘。

（二）专业化组织分工

建立分品牌独立运营、独立核心的渠道运营组织，实现市场管理、信息反馈、市场投入、品牌管理专业团队的管理。

（三）统一政策调控和统一市场管理

成熟企业更需要战略制胜和系统制胜，因此，只有强大的统一管理的调控能力，才能保证整体市场的协调发展。

有效的防御一定要在进攻之初就开始，要分解到市场开发和维护的各个层面，以攻为守，掌握主动权，对手兵临城下才开始被动防守为时已晚。

总之，对区域白酒市场领导品牌而言，建立强有力的防御体系是极其重要的。我们也要明白，被动式的防御是不可能成功的。建立防御体系必须是一个具有主动性、系统性和动态性的工程。

第 2 章

产品攻略

2.1　单品市场突破

品牌的产生源于大单品成功，同样，区域市场的突破也源于某个产品的成功。区域市场的操盘者必须牢记这个游戏规则，否则，市场不能爆破。

虽然推广的产品很多，但必须集中资源，打造一个大单品，然后通过大单品带动其他产品的销量，这才是正道。

单品突破的核心优势往往根据市场竞争进行聚焦与灵活处理，在实际的市场操作中，区域市场操盘者最大的障碍就是很难根据消费需求或者市场竞争空隙选择匹配的产品进行市场突破。因为区域操盘者是根据企业现有的产品选出有竞争优势与竞争机会的单品进行市场突破，不能根据市场竞争需要研发产品。

所以，在实际的区域市场营销中，区域操盘者必须根据产品情况、市场竞争情况选择匹配的渠道模式、市场启动和发展策略、动销方式、组织模式等进行市场突破。

一、渠道模式的定位

渠道模式的选择主要根据主导单品的价格定位、企业在区域市场的资源投入，以及经销商实力与配合度决定采取何种渠道模式。在酒类营销中，常见的渠道模式有以下四类。

（一）直销模式

直销模式本质上是厂家直营，设立分公司或办事处，组建业务队伍，直控酒店、烟酒店和团购等渠道，资源投入较大。选择直销模式往往是因为企业在进攻区域市场时，品牌在该区域市场影响力较弱，暂时招不到匹配的经销商，或者经销商实力难以满足企业启动区域市场的需要，而这个区域市场又是企业势在必得的市场。不过，直销模式的目的还是为了分销。

（二）直分销模式

直分销模式的三大核心要素：产品为中高端产品，厂家人员掌控服务核心终端，经销商分销、服务其他终端。

厂家打造核心终端，带动分销：厂家在价格体系中预留或者预设操作空间，前置性进行样板终端的硬性投入和软性投入，确保实施顺畅。通过建立样板终端培育品牌口碑，促使消费者在其他类型终端的自主购买。

经销商打造协销系统：经销商的业务人员拜访分销商、终端，拿取订单，传达促销信息，针对各级成员将促销政策传达到位，杜绝“吃政策”的行为。通过划分协销队伍区域进行有序的管理，服务分销商、终端，逐步实现区域闭合。

（三）深度分销模式

产品多以快速消费性质的中低端酒为主，通过大传播、大流通的方式操作市场。区域市场设置了配送商、各区域的经销商、小区域的分销商。区域办事处以区域分销商为单位配置业务人员，管控小区域分销商的出货及库存，维护终端和开展消费者促销活动，协助分销商出货。在整个品牌的渠道链中，渠道商基本为配送商，厂家则成为市场运营的主体。

（四）深度协销模式

厂商共同成立厂商办事处，厂家驻点人数相对较少，但经销商业务队伍较为庞大。通过对厂家的办事处人员的管理，使经销商业务团队履行厂家直销队伍的职能，通过深度协销的方式实现厂商一体化。厂家通过市场费用的形式支持经销商扩编业务队伍，深化市场运营。

二、市场启动和发展策略

根据产品定位与渠道模式定位，制定区域市场启动与发展策略。

（一）市场启动规划

究竟是先打城区市场再打乡镇市场，还是先打乡镇市场再打城区市场，需要根据城区市场与乡镇市场竞争的激烈程度与机会强弱，以及经销商的核心竞争优势在哪里定夺。

（二）市场启动模式

市场启动可以从烟酒店、酒店、团购等渠道中选择单点突破模式，也可以采用“烟酒店+酒店”或“团购+酒店“的双轮驱动模式，甚至可以采用“酒店+烟酒店+团购”的三盘启动模式，关键是把握企业或经销商的核心优势资源和产品的匹配性，灵活决定市场启动所能采取的启动模式，聚焦资源、聚焦产品打造市场。在市场有一定基础后再推行全渠道运作模式。

核心要点：烟酒店采取直分销模式，酒店采取终端盘中盘模式，团购采取消费者盘中盘模式。

（三）市场启动策略

核心渠道选择：启动初期从培育核心渠道发力，可以选择酒店、烟酒店、团购渠道，根据产品档次选择核心渠道。比如，中低端酒可以先从B、C类核心餐饮店突破，中高端酒可以先从烟酒店或团购渠道突破，如果当地自带率不高，可以从A、B类餐饮店突破。

产品进店：铺货办法多种多样，通过陈列赠酒方式对核心终端网点快速铺货，陈列多少送多少，不仅能刺激终端，还能呈现效果震撼的陈列展示价值，完成市场快速铺货。区域操盘者为了刺激经销商做市场的信心和敢于投入的决心，往往首批货给予“买一赠一”的优惠，比如，打款10

万元发20万元的货。区域办事处人员指导、监督经销商把多发的酒用于铺货、陈列、品鉴等，快速导入市场与启动市场。

（四）动作顺序

区域市场快速突破八字诀——铺货、氛围、公关、促销，区域操盘者必须把握八个字的先后顺序，最好不要颠倒顺序。在产品陈列铺货结束后或进行中就开展核心店的形象氛围打造工作，包装与打造店面门头、墙体喷绘、室内形象。然后，针对区域市场的核心消费者和各核心店（酒店要进行消费促销拦截）的核心消费者开展公关品鉴活动。最后，策划一个长期的有持续主题的消费者促销活动。

三、推广传播策略

（一）广告传播

区域市场单品突破时，无论是线上的电视推广、户外广告、公交车广告，还是线下的终端氛围营造，都必须抓住一个关键要素，就是主推哪个产品就聚焦推广哪个产品。在初级阶段，线下推广力度一定要大于线上推广，等产品成长到一定阶段，把握住火候，根据产品定位导入匹配的线上广告策略。比如，中高端产品可以选择户外广告、公交广告、电视新闻栏目与财经栏目，如果中端产品或中低端产品可以选择民生类节目，如金沙回沙赞助的贵州卫视的《百姓关注》，宣酒赞助的安徽卫视的《第一时间》。

（二）事件推广

事件营销传播比广告更能引起消费者的关注，还能因消费者的参与，迅速拉近产品与消费者的距离。比如，赞助活动，开口笑赞助湖南少数民族运动会，在终端网点拉条幅宣传。社区或广场推广活动：种子酒走进社区行与乡镇路演活动等。所以，区域市场突破除了重视终端氛围打造、品鉴公关、消费者促销等活动，多策划与参与一些低成本、大传播的事件营销活动，缩短与消费者的距离。

四、组织机制

（一）组织模式

渠道模式决定组织配置，不同的渠道模式需要在组织上进行不同的配称。种子酒的深度协销的组织模式如图 2－1 所示。

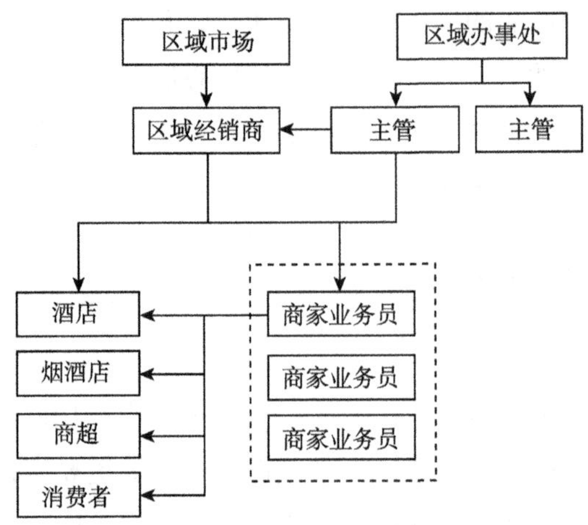

图 2－1　种子酒的深度协销的组织模式

（二）绩效工资

过程化管理是高效组织的重要考核指标，灵活使用绩效工资、强化考核是关键。考核的主要原则如下：

一是考核单一化。月度指标不超过 3 项，最好为 1～2 项。聚焦核心工作，让业务团队把重要的事情做好是最佳的考核方式。绩效考核往往因为指标过多而形同虚设，容易让销售团队无所适从。比如，7 月针对网点开展氛围营造工作，重点是店招工程、分级制作店招；8 月针对网点开展货架陈列活动，“3 件赠送 1 件”，开展 3 个月的协议陈列活动；9 月针对二级批发商开展“25 件赠送 1 件的中秋压货活动”，考核出货量和参与活动的商家数。

二是建立周例会、月度销售会议制度。通过周例会、月度主题工作或活动的形式，分析上周（上月）工作结果与问题，分配与指导本周（本月）核心重点工作，强化销售组织对渠道网点的深度掌控程度，以及深度把握市场。

三是将绩效工资变为两部分。一部分按照终端量化，按照终端数量给予提成；另一部分按照产品数量量化，按照每件或每瓶给予提成。

区域市场单品突破的过程也是区域市场本身突破的过程。其中，抓住价格机会打造主流档位的明星产品、以终端为中心打造产品渠道竞争力、以氛围为中心打造品牌影响力、以消费者体验为中心带动终端动销、以主题性促销为中心引爆市场，是不可缺失的步骤与过程。

2.2 产品结构化布局

品牌的崛起，通常以一个大单品的崛起为前提。市场突破，往往是大单品率先突破。但是，突破只是前奏，突破之后需要巩固。巩固靠什么丰富产品线，形成产品结构化。

一、区域市场产品结构化 3 大价值

区域市场营销的根本路径：打造消费者与渠道需求的产品阵营，并在该市场取得王者地位。所以，区域市场产品结构化的核心价值与目的有三个：一是扩大市场份额；二是防御竞争对手进攻；三是提升品牌价值。

（一）扩大市场份额，无缝隙占领市场

通过结构化的产品，无缝隙的产品组合，高、中、低价格通吃，丰富渠道产品（礼品渠道产品、定制产品、商超产品、包销产品、买断产品等），让产品充斥整个市场，挤占市场份额，掌控渠道资源，实现市场规

模化增长。

（二）防御竞争对手，不给对手突破的机会

稳固的市场一般有两个基本特征：

一是通过有节奏的产品自我更新，防范对手的产品替换自己的产品，即在对手用新产品替换自己的产品之前，用自己的新产品替换自己的老产品，这不是一项容易的工作。

二是通过产品结构，在所有环节严密防守，让对手无缝隙可钻，不给对手机会点。所以，通过单品突破取得成功时，一定要防范对手如法炮制，而防范对手单品突破的法宝就是建立产品结构，一旦发现对手在某个环节进行单品突破，就在该环节强力阻击。

（三）提升品牌价值，实现品牌华丽转身或延伸

单品突破成功，是因为竞品给自己留下机会，是因为消费者需求没有被一个突出的品牌满足，才成就了自己的成功。但是，这种成功的机会点的未来发展趋势并不明朗，也许会把品牌价值束缚在某个前景并不光明的消费定位上。比如，许多区域市场通过低端酒突破市场，快速成为当地具有影响力的品牌之一，但这仅仅是市场打造的第一步。如何华丽转身，从低端消费转型为中高端主流消费才是关键。所以，许多自身品牌消费定位相对低端的产品，会通过分品牌战略打造新的主流品牌、提升品牌价值。

二、区域市场产品结构化 3 大方向

在区域市场操作中，为了最大限度地实现销售增长与市场占有，在产品结构化营销布局方面，一般采取三种战略举措。一是产品纵向结构化战略；二是横向结构化战略；三是多元性结构化战略。这里要补充一点，不同的企业、不同的品牌背景、不同的内部资源、不同的市场竞争环境，产品结构化战略实现方向也不同。

（一）纵向结构化战略

和品牌相比，纵向结构化战略比较专注、聚焦向主导品牌的主导产品线上下延伸，满足市场、渠道、消费的需要。在区域市场运作中，由于产品聚焦、品牌聚焦，多采用厂家主导、经销商配合的厂商合作模式。

虽然湖北白云边酒业旗下有三大主导系列产品，但年份系列产品是战略主导性产品，星级系列产品（五星、四星、三星）和年代系列产品（50年代、70年代、80年代）是区域、客户层面的战术产品。白云边年份系列产品纵向结构化突出，从20～1000元布局了九大产品，如3年、5年、9年、12年、15年、20年、30年、红运9年、红运12年产品。多年来，白云边酒业持续坚持运作年份系列产品，主打百元价位的12年产品，其市场成交价为100元/瓶，2013年突破20亿元的销售额，占公司销售额42%；市场成交价150元/瓶的15年产品与市场成交价70元/瓶的9年产品分别取得5亿元与3亿元的销售额。

突破百元价位后，白云边逐步丰富和完善产品线，在2012年和2013年相继推出9年和12年的红运喜庆装产品，下延3年和5年等新产品，布局中低档市场。白云边成为湖北省龙头企业，主要有两点：一是坚持运作和突破100元价位，比稻花香、枝江等竞品档次高，具有支撑规模的价格优势；二是坚持突破武汉市场，白云边的武汉市场是核心战略市场，也是销量规模最大的市场，对全省化的辐射和拉动效果明显。

（二）横向结构化战略

在白酒营销中，横向产品结构化战略是根据市场需要、消费需要、渠道需要、进攻需要，采取多元战略主导品牌，或产品与战术并举、品牌与产品并举的营销模式。如分品牌策略、包销买断品牌策略、定制品牌策略，都是产品横向结构化的表现形式。

山东扳倒井酒业各地的主销品牌产品不同，即使在同一个地级市场内，扳倒井也同时设立了多个买断商，买断商可以根据自身状况开发买断产品，并制订相关的产品价格和销售政策。在淄博市场，扳倒井的主销品牌是终端售价20多元的8年原浆产品、60多元的世纪经典产品。在东营市场，终端售价30多元的豪华三星、50多元的蓝宝石、100多元的世纪珍藏得到消费者的认可。在滨州市场，极具地方特色的四环五海、大三星等成为高档酒店的新宠。

这种分区域、分渠道、多品牌的横向结构化运营模式的优点在于每个主销区域的主销品牌各异，能有效避免区域间窜货，能有效规避单一产品价格透明度高、利润空间小的弊端，从而有效提高经销商的积极性。缺点是容易削弱厂家主导品牌的影响力，使厂家对品牌的控制力减弱，不利于长足发展。这些年来，虽然扳倒井在品牌推广层面紧紧围绕企业自有品牌——“井藏”、“珍藏”等展开，但渠道主要在买断商手里，买断商对企业主打品牌的推广不积极，扳倒井致力打造的品牌形象和消费者能见到的产品脱节，扳倒井品牌发展遭遇瓶颈。

（三）多元性结构化战略

多元性结构化战略不仅囊括了纵向与横向结构化战略，还在企业赖以成长与生存的纵向与横向结构化的基础上开创新品类、新市场，形成立体化战略结构，实现业绩增长。

在纵向结构上，洋河蓝色经典不断分化为梦之蓝、天之蓝、海之蓝系列品牌；在横向结构上，有洋河蓝色经典、蓝瓷、老字号、洋河醇浆、蓝优等系列品牌。然后，又进军葡萄酒品类，充分整合、利用渠道资源。

五粮液旗下不仅有浓香系列产品阵营，还有酱香产品的永福酱酒，更有保健酒品类的黄金酒。郎酒的“一树三花”的产品多元性结构化战略堪称典范，酱香、浓香、兼香系列产品都取得了成功。

这种多元性结构化战略一般有两个前提条件。

一是企业发展成超大型企业后，企业主导品牌的影响力非常大。

二是企业有足够的剩余资本或整合资源能力强。

否则，这种多元性结构化战略只会给企业带来更多的发展障碍。在白酒营销中，多元性结构化战略的成功案例非常罕见。

三、区域市场产品结构化 5 大路径

纵观中国白酒企业的结构化战略，无论是纵向结构化战略还是横向结构化战略、多元性结构化战略，都有清晰的结构化发展的路径与目标。虽然这些结构化存在交叉或者重叠，但只要做深度的研究，就能发现背后的规律。

（一）渠道层面的产品结构化路径

随着企业的发展或区域市场的成功突破，渠道的需求呈现多元化，许多强势经销商、分销商、终端客户，甚至是一些企事业单位，都渴望借企业在当地的品牌优势快速发展，尤其拥有匹配自身网络资源与客户资源的独家经营的产品。这就是为什么我们经常看到，一个品牌一旦在某个市场取得成功后，各渠道就会涌现很多本企业的品牌或产品。如经销商、分销商，甚至终端网点开发、包销、买断的产品，一些企事业单位的定制产品，季节性渠道促销性产品。

（二）价格层面的产品结构化路径

中国白酒营销，一个品牌一旦在某个市场取得成功，尤其是根据地市场与样板市场，一般产品会呈现全价位、多渠道、全覆盖的态势，高、中、低价位产品全有，无论是战略形象产品，还是中端利润产品、低端走量产品、战术性产品，充斥着各个价格带。战略目标清晰的企业的各个价格带产品清晰明了，主推层次有章有法；愚蠢的企业，价格带重叠，有产品内耗现象，

渠道忠诚度降低，市场混乱。这时，企业必须梳理产品结构，重新定位价格带，控制区域开发产品，否则，企业会出现盛极而衰的现象。

（三）市场需求层面的产品结构化路径

无论是市场需求层面的结构化还是消费需求层面的结构化，都是细分层面的结构化。如专门针对喜宴市场开发的婚宴、寿宴、升学宴、满月酒等产品，专门针对年轻消费群体开发的青春时尚酒，专门针对个人或者单位需要开发的定制酒，专门针对收藏理财人士开发的封坛原浆定制酒，专门针对“老酒鬼”开发的散酒、高度酒，专门针对喜欢畅饮的区域市场开发的低度酒等。

江小白根据年轻人需求进行消费细分，也在营销推广上进行细分，通过微博、微信等社会化细分媒体营销，在行业内取得了不小的影响力与品牌价值，甚至创造几千万元的销售额。

山东人爱饮酒，低度酒很流行。山东邹平的月河酒厂在2001—2007年曾是邹平白酒市场的龙头企业。2002年以前，邹平市场是天地缘酒厂的苦瓜酒与范公酒篓的天下，白酒度数集中在32度左右。这时，月河酒厂生产了一款度数为28度的扁瓶翠竹酒，上市仅5个月就满城尽喝“扁翠酒”，连续畅销8年之久。当然，在山东胶东半岛、广东沿海区域也出现了琅琊台32度、诸葛酿28度等具有鲜明特征的产品。

在个人定制酒方面，笔者曾在KL市场做社区活动推广时遇到很多爷爷、奶奶给孙子、孙女定制剃小辫子酒、整10岁酒、升学酒、结婚纪念酒，子女们给老人定制寿酒等，定制酒多数是公斤装的，这是为什么呢？经了解，一桌一斤装的酒不够分，二斤装的正好，摆在桌上“高、大、上”。

（四）竞品层面的产品结构化路径

竞品层面结构化战略一般分为三个层面。

一是主动骚扰型。针对某个价格相对强势的产品，研发有针对性的产品直接进攻，破坏竞争对手的市场，甚至以不惜牺牲这支产品为代价扰乱竞争对手，取得本品牌的市场地位与市场份额。

二是被动防守型。当主导产品受到竞争对手攻击时，为了避免主导产品地位与市场份额被取代，研发直接针对竞品的产品，进行渠道拦截、消费拦截、促销拦截，有效狙击竞争对手的进攻，让竞争对手进攻目标被动转移。

三是系统防御型。某个品牌取得了领导者地位，必定会遭遇竞品的围攻。这时，各个价格带、各类渠道都有市场需要的产品，而且渠道忠诚度高，全面封锁对手进攻，不给对手机会。

（五）品类层面的产品结构化路径

中国白酒品类结构化战略多以储存、窖池、口感、年份、功能等工艺层面进行区隔。只不过精明的企业能根据价格带定位、消费者需求、产品区隔需要，有选择地使用这些年份酒、窖龄酒、窖藏酒、洞藏酒、淡雅酒、绵柔酒等；愚蠢的企业则混乱使用这些品类概念，造成产品结构混乱。比如，古井旗下有古井年份原浆系列产品、古井淡雅系列产品、陈年老酒系列产品等。其中，年份原浆产品价位是 80 ~ 1000 元；淡雅系列产品价位是 30 ~ 70 元；陈年老酒系列产品更低端一些，定位清晰明了。

2.3　产品如何长寿

中国白酒市场充斥着两类短命产品，一个是见光死的“流星型”产品，另一个是总是不死不活的“老小型”产品，这两类产品导致中国白酒市场三两年喝倒一个牌子、一个产品两三年也成活不了。

企业要想打造长销型产品，就必须研究产品短命的原因，以及产品长销的规律，才能确保产品拥有持久的生命力。

一、分析白酒市场两类短命产品

（一）“流星型”产品

新产品刚进入成长期，还没有进入成熟期就快速衰退消亡了。这类产品在市场上也许会活跃1~2年，活跃一个季度，甚至更短。在上市阶段，由于企业或区域经理采取过度推广、过度促销、过度压货等营销方式，产品很快形成销售高潮，但是产品质量、价格管控、市场服务、渠道管理等问题没有解决。产品质量问题、价格穿底问题、市场服务问题，已经让客户与消费者怨声载道，而企业却无能为力，产品成功之时也预示了产品死亡之日，像流星划过天空一样，虽然很美，却很短暂。

（二）“老小型”产品

用一句话描述“老小型”产品就是“不死不活”。这类产品的销售年限不短，但没有形成规模性旺销，年年有销售，但销量都不大，无论企业怎么推广都难以形成消费热潮与爆发式销售。对企业、区域操盘者来说，这类产品食之无味，弃之可惜。

一个产品的长销往往是一个系统营销工程，有的产品一出生就是一个“夭折儿”，有的产品一出生生命力极强，是一个长寿产品。成功往往靠开端，持续往往靠过程，对企业或区域操盘者来说，打造具有持续生命力的产品，必须在产品管理、价格管理、渠道管理、促销管理、品牌推广、组织管理等系统营销上做好文章。

二、差异化竞争优势提高产品的销售力

新产品上市要想做长线产品、长期获利，必须提前做好产品定位。否则，很可能成为“流星型”产品，赚一笔钱就收场。产品规划要注意以下四个方面。

（1）产品本身要有市场前景，要有一定的机会性与趋势。

（2）产品定位要明确，是以大众消费还是以商务消费为主导，并持续坚持，不要“骑墙”。

（3）差异化卖点突出，有效区隔竞争对手，形成鲜明的竞争优势与消费需求点。

（4）产品质量稳定，形成持续消费的口碑与固定消费群体。

其中，产品的差异化卖点是关键。

如果产品仅仅是有一个好名字或好包装，并不能保证产品“活得长”，产品成功还必须具备差异化卖点。

在全国的区域名酒中，口子窖5年是第一个明确定位政商务社交饮酒的品牌，并以盘中盘成功开启中国白酒营销时代，持续畅销15年之久，成为徽酒政商主流人群消费的价格定义者。在15年里，徽酒板块历经数次提价和发展，主力产品口子窖5年都是至关重要的参照物，成为引领徽酒发展的标杆。

口子窖5年最初定价为58元/瓶。当时，白酒的价格普遍还处于40元以下，68元算是中高端价位，而口子窖5年恰恰把握了未来白酒商务发展的趋势，成为少数试水中高端价位的白酒产品之一。无论在品牌概念上还是包装上，这款产品都有创新突破。在品牌上，打造了“窖藏年份”的差异化概念；在产品包装上，内瓶是仿四大美女之一王昭君的裙摆的陶瓶，外盒是三角立柱体，采用竹简元素，强调历史感的铁盒。美女陶瓶、三角铁盒包装和“窖藏年份”的概念在当时都属首创，极具差异化。后来的市场表现也验证了，堪称经典之作，口子窖5年在安徽市场成为商务用酒的典范。

三、价格升级提升产品持续旺销的生命力

在产品营销过程中，价格是最敏感的，也是最关键的一环。想让产品长寿，不仅要为产品定好价格，还要为产品规划好价格，产品价格需要升级时绝对不能手软，否则，产品的生命力就可能结束。在产品营销中，必

须深谙玩转价格的价格规律，其基本规律有三个。

（1）新产品上市，“高开低走”，逐渐稳定。

（2）做出充足的市场费用（广告费、促销费、渠道建设费、消费推广费等）预算，多用于市场推广与渠道建设，先市场，后销量。如果过度用于产品促销层面，很容易快速透支产品的生命力。

（3）把握时机，有规律地升级产品的价格。保持主导产品的竞争力，关键是价格引导消费、保持价格标杆。

口子窖导入市场时，进店价格为58元/瓶。15年的时间，经历了很多次成功的价格升级，分别是62元、68元、78元、88元、98元、108元、120元等，在安徽市场一直是中高档价格的引领者。无独有偶，西凤陈酿6年与15年年份酒从2001年左右上市，都是随着市场的成熟、价格持续提升，不断提高产品的价值与持续增长的生命力，至今依然保持旺盛的生命力。

牛栏山的陈酿产品——15元的光瓶酒，从2003年上市至今足足有11年，2013年销量2000多万箱，销售额20亿元左右，这是一个奇迹。在11年的历程中，前6年只是在默默耕耘，后5年才呈现爆发式增长。为了满足市场需求、消费升级需求和供求关系梳理需要，陈酿产品在销售20万箱的时候，价格上调1元，之后随着销量不断上涨，不断呈现爆发式的旺销势头。

产品价格持续提升，不仅能持续引导消费，还能保持产品的品牌形象、维护消费忠诚度、保证渠道利润、增强渠道的竞争力。你还怕什么呢？

四、市场管理，抓好市场远比销量增长重要

畅销产品衰退主要有三个原因：一是品质不稳定；二是假酒泛滥；三是价格混乱，杀价严重，终端无利，集体不卖货。三个原因都会造成渠道主动封杀产品，消费者也主动抛弃该产品或者被终端引导转移消费其他产

品。其中，第三个是最常见的原因，好好的产品皆因管理问题衰亡。

企业或区域操盘者用什么方法化解这些问题呢？

（1）重视市场、消费者，做品牌强势推广拉力下的产品。重视品牌推广，消费者体验，消费者促销，终端品牌氛围建设，社区、广场推广活动，不断加强消费者主动消费的氛围与趋势，不断强化消费者消费的忠诚度与美誉度。

（2）重管理、控价格，不做渠道强势促销推力下的产品。放开市场，采用控价模式，刚性管理，按零售价供货，给予明暗政策返利与红包（一明多暗，明是政策返利，暗是销量红包、合作效果红包、价格维护红包等）、窜货或乱价保证金、厂商联销合作体等管理与激励。

（3）重执行、抓细节，实现渠道质量管理下的销售增长。我们知道终端是临门一脚，对产品销售起着关键作用，终端的利润、推广积极性能否保持，不能依靠降低产品价格，关键是通过市场管理，使之长期获取利润。终端市场管理常用的方法，如公告法、促销人员驻店、专人专车巡回监督、分类管理（稳大、控小、拔钉子）、乱价警示牌等，管理终端市场，一定要做到及时、果断、心狠、手硬。

劲酒在2013年取得近67亿元的销售额，这是一家典型的认为重视市场比重视销售增长更重要的企业，这种做法不仅没有使销量下滑，反而保证了销量的持续增长、产品持续旺销。劲酒经典的125ml产品被消费者称为“小方劲”，2011年，这款产品的年销量高达5.5亿瓶，在城市、乡村、商超、餐饮、车站，“小方劲”的身影随处可见。

劲酒怎么保持持续旺销的生命力的？我们从六个层面简单地分析一下劲酒持续增长的根源。

（1）在市场布局上，“远连线，近做面”是劲酒市场布局的核心思想，重点突破核心市区，利用边缘效应拉动周边县级市场，精耕细作，向乡镇网点纵深发展、全面覆盖。

（2）在渠道打造上，劲酒追求精耕细作，全面覆盖，启动典型终端餐饮，批零跟进，渗透家庭的渐进式推进模式。劲酒通过营销团队和经销商的扎实工作，占领了大量 B、C 类小餐饮终端，营造出浓厚的市场消费氛围。这种氛围更有体验效果，有效刺激消费者的购买欲望，大大提高了购买的便利性。在此基础上，劲酒跟进启动批发和零售市场，一步步渗透到消费者家庭中。

（3）在销售管理上，劲酒对经销商与销售团队的考核不看销量，只看市场质量和过程指标，与白酒企业不择手段的压货做法相比，劲酒始终强调“非饱和”的市场状态。劲酒业务经理寻访市场常做的几件事是促销、搬货、控制价格、张贴物料、整理陈列等，每天做枯燥乏味的工作，有多少白酒企业的业务人员能够做到？

（4）在终端宣传上，劲酒以提高“注目率”为基点，即将顾客的目光吸引过来，买不买产品是另一回事，先让其看到劲酒氛围或陈列。劲酒最常见的氛围打造多集中在 POP、推拉贴、吸塑画、墙体写真帷幔，饮酒常识小册子的发送，巨无霸形象展示牌的设置，大型喷绘灯箱的设置，以及一些门头店招的制作。

（5）在公关推广上，劲酒比较重视大型公关活动，如“劲酒健康美食周”、“劲酒社区行”、“劲酒寻踪基地游”等主题活动，并大力推行知识营销，多次举办知识营销培训活动，加大对健康知识、产品知识和企业知识在市场层面的传播力度，尤其是加大针对消费者的传播力度，其培训涵盖了产品的功效原理、不同人群适宜的饮酒方式等内容。

（6）在产品诉求上，劲酒不断在广告诉求中赋予新元素，加强与消费者沟通。从早期的“常饮劲酒，精神抖擞”诉求健康，到“劲酒虽好，可不要贪杯哟”，增加了人文关怀。2006 年夏季推出新广告——“劲酒可以冰着喝”，从倡导生活方式角度传达品牌诉求。

第3章

新产品上市

3.1 新产品铺货策略

新产品铺货讲究效率，讲究势能，讲究策略。没有效率就会产生一种没有结果的煎熬，没有势能就无法激起克服艰难险阻的决心，没有策略犹如无头苍蝇般乱碰乱撞。

一、把握铺货的4个显著特点

（一）准备足

任何一场无准备之仗或准备不足的战争，都以失败而告终。比如，铺货之前充分提炼产品的卖点与买点；分析市场环境和同类竞品的销售情况，找到新产品的市场突破口；充分分析网络渠道，选择最容易切入和匹配的渠道；设计好利润空间和价格体系；做好铺货计划，选择铺货时间，确定铺货数量，培训业务人员，确定执行人员和配送车辆，设计业务人员薪资、补助、提成甚至开发奖励等。

（二）时间短

没有时间节点，铺货运动很容易处于无进展、无压力的松散状态，很难取得效果。因此，在短时期内就得完成铺货目标，是高效铺货的显著特点之一。一般要求市场在50天内完成前期的铺货任务，通过三波铺货运动，基本达到匹配终端的80%以上的网点铺货率。第一阶段25天，完成60%的市场铺货；第二阶段15天，再完成15%的市场铺货；剩下10天完成10%的市场铺货；剩余的15%属于钉子户，需要在后期边维护边开发。

（三）速度快

集中优势人力、物力、财力，一鼓作气，高效、快速地开拓市场，完成铺货目标。为了解决高效铺货的问题，许多企业有时候从其他市场抽调人员成立铺货特工队协助铺货。总之，快速完成铺货是产品上市的先决条件。

（四）策略强

铺货讲究策略，首战必胜很关键。缺失匹配的铺货策略，就无法形成高效执行力，队伍容易在不断碰壁挫折中丧失斗志。唯有策略匹配，团队才能斗志昂扬，实现铺货目标。采取车销、市场突击队、陈列置换、免费品尝等组合铺货更容易成功，许多企业在铺货阶段容易采取成熟产品访销分离模式，这种模式不仅效果差、成交率低，铺货团队也容易受到打击，影响工作效率。

二、确定铺货的3大标准

没有标准，难以形成合力，难以取得爆破式的共振效果，难以取得震撼的市场效果。在铺货过程中，一定要建立铺货的要求与标准，否则，铺货运动就是一场没有结果的闹剧。

（一）建立铺货管理制度

明确铺货区域、路线、终端类型、终端数量、铺货责任人，规范铺货标准和要求。制订具体的铺货奖惩细则并严格执行，实现铺货工作的日常化、规范化和制度化。按铺货计划执行，要求铺货团队每天召开晨会通报铺货进度，并下达当日铺货任务，把任务分解到人，每天下午下班时召开晚会，点评当日工作，上交铺货表格并由督导组巡检，关键客户和关键时刻需要销售经理亲自带队冲在铺货的第一线鼓舞士气。

（二）规范产品陈列标准

好的陈列不仅能够吸引消费者的眼球，还能产生市场动作势能，让消费者、终端客户感受新产品的活跃氛围。所以，明确产品陈列要求，实现产品陈列的最大化和生动化，在“第一”视线内让产品“闪亮登场”。白酒销售的陈列一般要做到“分层陈列”和“集中陈列”，并要求陈列中的POP张贴、X展架、产品手册、价签等终端物料随着铺货一并摆放到位，好的执行会产生好的结果。

（三）提供铺货产品一站式服务

本着谁铺货谁受益、谁铺货谁负责的原则，责任到人，“一竿子插到底”，严格划定区域，要求铺货人员不仅要将产品铺到终端（餐饮店和名烟名酒店、小卖部、商超等），还要想方设法地将产品铺给“消费者”，业务人员带头帮助终端店做好新产品的销售工作，提供铺货产品的全程跟踪服务。在有效铺货过程中，通过一定的营销手段或策略组合，让产品与市场有效对接，使产品能够看得见、买得到、消费者乐意买。

三、高效铺货的8大策略

一个合格的将军绝对不会以牺牲士兵的性命取得战争的胜利。匹配策略更容易取得铺货的成功、体现团队的执行力。

（一）营造声势，降低铺货难度

为配合铺货，铺货前企业可以在地方媒体上造势，比如，当地的报纸、电视、户外等广告媒体，充分引起网点关注，也可以利用终端店外的张贴、条幅营造地面声势。有实力的厂家可以选择规格高一点的酒店召开“新产品上市会（品鉴会）”，邀请政府职能部门、经销商、媒体参加，扩大品牌影响，铺货前让经销商、终端商品尝新产品，对新产品留下良好的印象从而降低铺货的难度。

（二）规范铺货中的推广说辞，体现专业性

统一说辞与话术在铺货推广中能高度彰显业务人员的专业素质，避免业务人员即兴发挥，不着边际。比如，介绍产品的特点、政策、操作市场策略、如何帮助客户动销等。还要介绍酒质、特点，最好让客户现场品尝一下，然后介绍采用什么样的基酒调制、独有工艺是什么、品酒大师的好评等。

（三）新产品铺货绝对不是渠道压货

合理的铺货量能够让客户产生产品快速动销的错觉，首轮铺货，一个单品进一件货，既能保证产品陈列，又能保证客户有销量。进货少，进货频率就会高，当然，客户不会主导进货，业务人员必须做好跟踪维护工作。终端网点第二次、第三次进货是产品成功上市的关键，是提高他们的销售积极性的先决条件。对中小企业来说，在无法大规模投入广告、公关拉动终端销售的情况下，必须想办法现款铺货，否则，产品即使赊销到终端也难以形成动销，导致市场不死不活，进退两难。现款铺货容易得到终端客户的重视，也容易得到客户主推。

（四）设计能够打动客户的活动形式与政策

很多终端店看重的不是产品，而是铺货奖励，根据铺货的要求确定合适、新颖、有吸引力的促销品至关重要。比如，铺货坎级奖励、进货奖励、开户奖励、促销品支持、免费产品、陈列奖励等，让客户感觉占便宜，就容易实现现金铺货。

（五）集中企业资源点上突破，打造示范店

在重点区域市场选择重点终端，通过示范效应进行以点带面的铺货。在新产品的铺货过程中，选择企业原有的老客户或关系客户进行特殊政策的铺货奖励，快速建立形象店形成旺销氛围，树立标杆，凭借形象店的影

响力向周边小型终端渗透铺货，达到以点的启动拉动面的铺货目的，利用有效的铺货抢占渠道资源。

（六）客情关系很重要，客情源于勤奋与执着

业务人员在铺货过程中容易选择关系店，对陌生店有害怕与抵触情绪，或者一次碰壁就避而远之，无形之中失去很多有效终端，并没有扩大原有网络。在铺货的过程中，业务人员不仅要充分抓住客情好的店做示范，利用已经进入的店诱导未进入的店，同时迎难而上，多拜访、多沟通甚至帮助陌生店店主做些力所能及的事情，以此建立关系，维护客情，如整理货架、打扫卫生、提供经营建议等。通过业务人员的勤恳和执着打动终端，实现顺利铺货，不要因为客户的一次拒绝就失去信心。

（七）集中车队、人员造势进行铺货可以对终端产生影响

铺货的时候，可以建立多人组成的推广车队进行团队铺货，利用人多的团队作战心理，通过铺货车队的游街造势，对终端产生吸引力、产生轰动效应。在铺货过程中，要对团队成员进行明确分工，通过团队的协同作战顺利铺货。

（八）铺货中的士气打造

铺货阶段是业务人员遭受打击最多的阶段，特别是新人，没有比失去自信心更糟糕的事情了。即使是最优秀的业务人员，铺货成功率也是有限的，关键是有良好的心理预期和抗压能力。辛苦了一天，需要给自己和下属提供一个发泄和舒缓压力的途径，同时保持一定的压力。

晚会做总结时当场表扬先进者，对落后者不要过于批评，应该和他们一起分析和研究落后的原因。很多时候，领导要成为员工的“沙袋”和“打气筒”，是帮助员工发泄压力的好渠道，也是保持一定压力的好来源。比如，在员工回到办公室的时候为他们倒一杯水，准备一点可口的水果。

四、铺货后的服务与管理

（一）终端巡查回访

铺货是一项需要经常性管理与服务的工作。有的货“铺上了”，但被铺在角落，看上去无“货”；有的铺在了终端商的仓库里，没有铺在柜架上。终端的生动化与否，直接影响终端销量，严防缺货，及时回访、及时补充，保障二次销售顺利进行。另外，巡访要加强与终端商的信息沟通，很多时候，铺货都结束了，终端商还不知道产品价位、促销政策，更不要说主动销售了。

（二）及时兑现承诺

铺货时的承诺一定要切合实际，否则，经销商和终端听信了企业的承诺铺了货，无法兑现的承诺会使经销商和终端对厂家失去信心而拒绝销售其货物。

（三）加强账务管理，保障风险为零或最小

前期终端铺货，促销力度较大，原则上不允许赊账，个别终端要做好回访工作，控制风险，将其控制在合理的范围内。

终端铺货是销售工作的第一环节，对整个品牌走向良性的运营道路起着重要作用。企业或区域负责人唯有重视铺货，并在实际操作过程中运用恰当的铺货策略，才能保证后期销售工作正常开展，从而为市场健康发展打下坚实的基础。这些都是在不断培训、紧抓计划、总结不足、跟踪指导、严格管理并不断解决各类终端网点差异性等基础上，实现市场的高效铺货。

3.2　新产品推广法则

在区域市场营销中，无论是品牌推广还是产品推广，无论是招商还是消费启动，都讲究精准。一旦投放无效，不仅会造成资源浪费，对市场的帮扶也会大打折扣。

一、目的明确化

如果企业做的是区域市场招商广告，则应选择区域内有影响的媒体。广告要精致、诉求点清晰，要着力突出品牌（或产品），这也是提升经销商信心的一个重要指标。广告具有一定的滞后性，需要在一个阶段内反复刺激受众，所以，招商期的广告切忌周期短、频率低。一般来说，纸媒广告投放1个月后、电视广告投放3个月后，广告效果才会显现，所以，企业要做好心理准备，不可半途而废。

如果企业的目的是打造区域市场品牌、教育消费者，在媒体表现形式上，可以选择直接主导产品卖点广告，也可以选择公关推广形式。在媒体选择上，应根据企业的总体战略规划和资源现状进行媒体规划，如果企业资源比较充足，可以选择“卫视＋地方媒体＋地面广告＋终端生动化”的形式，如果企业规模较小、区域市场集中，广告投放可以选择“地方媒体（根据实际收视率和消费人群决定）＋地面广告＋终端生动化”的形式。在电视媒体栏目的选择上，“收视（看）率高的媒体软性赞助冠名＋硬广告”形式是首选，既有唯一性又比较经济。

二、内容匹配化

匹配的传播内容，容易打动目标消费者，激发他们消费产品的欲望，更能从众多同类产品中脱颖而出。

只要匹配、高效、引起目标消费者共鸣的推广内容或广告诉求，不要空洞无物的传播诉求，让消费者不知所云。唯有匹配的传播内容，才是具备销售力的内容。

我们以低档酒、中档酒、高档酒为例，逐一解析推广内容的匹配化。

低档酒要告诉消费者最关心的问题，酒好喝，不上头，什么样的目标群体适合喝，有什么奖项。如老村长酒的“别拿村长不当干部”和促销有奖的广告，让许多村干部成为意见领袖，带领广大农民朋友喝这个品牌的酒。

中档产品要告诉消费者产品有特色，大家都在喝，如宣酒的“小窖酿造更绵柔”、“今年流行喝宣酒”、“连续 3 年荣获安徽省最畅销白酒”，让消费者感觉宣酒消费点突出，制造消费潮流。

高档酒要给足消费者面子，告诉他们无论粮食、工艺、年份，还是历史、荣誉、档次，都符合他们的身份、地位。另外，高端产品玩的是公关、资源、品牌、教育消费者，高端消费人群对品牌有很高的忠诚度，体验与公关是撬动高端消费人群的关键。

三、路径精准化

在区域市场操作中，许多区域操盘者或经销商往往把握不住产品推广规律，更不能根据主推产品的档次选择推广形式，结果事倍功半，浪费资源。

不同的消费人群有着独特的特点，精准化的传播对应的就是这些消费者的特点。比如，在线上传播中，不同消费水平的消费者观看电视的时间明显不同，不同年龄的消费者对媒体的选择明显不同。找出这些差异，根据品牌实际情况，精确选择最佳的媒体、投放时间和频次会事半功倍。不是所有的产品都适合线上大规模传播，低档酒在小餐饮店内应多投放一些海报、台卡、推拉贴等；流通产品在名烟名酒店、商超等渠道进行生动化陈列，进行产品展示和宣传物料的使用等广泛覆盖的终端生动化建设，效果远胜过大型户外广告。一些高端产品在B类以上餐饮店陈列，通过易拉宝、展示柜等展示产品形象，直接面对高端消费群体。针对意见领袖的品鉴会，直接创造意见领袖同产品接触的机会，培养他们的消费口感和消费习惯，使他们能够带动周围的目标消费者。

有一个叫庄稼院的白酒品牌，在启动郑州市场时，采取彩旗广告形式。秋天的早上，从家骑车出来的人们突然发现居民区街口的四周，有8个小伙子拉着4幅黄色大旗，上书“庄稼院酒，纯粮酿造”，傍晚回家，这些小伙子还举着大旗。就这样持续了1个月，庄稼院酒在郑州老百姓的心里扎了根，一直到现在口碑还不错。这种方式传播费用低廉，效果却很可观，因为目标选择精确，传播语也非常到位，给人实在、可信（和产品质量过硬有关）的感觉。老百姓白天看到广告，晚上在家门口就能买到产品，整个过程一气呵成。如果是50元甚至是100元以上的中高档白酒，这样做就有些恐怖了。

劲酒当年在央视大打广告，走“广告+终端”的路线、走商超渠道，结果收效甚微。后来，转换模式进军C、D类餐饮终端，125ml的小方瓶产品通过终端生动化（宣传海报、宣传品）、赠品、买赠等方式，在当时开创了劲酒独特营销方式，使企业进入发展的快车道。

四、效果优先化

启动新市场，不要被强大的竞争对手的品牌氛围吓住，必须弄清推广效果的优先顺序，如“门头、店内”——点，“户外、公交”——线，“电视、广播、报纸”——面，启动所操作的区域市场，用最少的资源取得最好的效果。

（一）店内

品牌知名度越低，越要重视店内生动化、店外广告化。

一是产品陈列。有奖陈列、送排面、送现金，随着竞争的激烈程度，陈列送现金比送实物的效果更好。因为现在做陈列不是一个厂家做，大家都送产品，店老板积极性也高不到哪去，每月赠 2 瓶酒不如送一箱饮料更能打动店老板。

二是物料氛围。做完陈列做什么？易拉宝、展架？算了吧，太容易被竞争对手清除了。如果有 5 斤大瓶酒，先上大瓶酒，老板一般用来做装饰，不会清除掉；贴大 KT 板产品广告，一贴上去，拆下来很费劲，保留的时间会长一些。展柜？还是后期合适，因为你的专柜不一定成为谁的陈列面。

（二）门头

门头的投放，无论是喷绘式框架门头，还是高档亚克力吸塑门头的投放，被厂家和经销商广泛认同的要优先投放。

一是门头成本低，又能直接卖货，仍是近几年启动新市场的首选。店头、陈列是打通店老板的敲门砖。

二是店头起户外广告的作用，只要门头数量足够多（点媒体），比几个户外高炮或公交车体广告强多了。

三是门头是与消费者距离最近的广告形式，影响消费者决策，再加上店老板主推，效果更加明显。

四是集中片区做门头，千万不要分散，制订“百店工程”计划，否则，效果与影响力会大打折扣。

（三）公交车体

公交车体属于流动性广告，路线较长，覆盖面较广，是不错的广告形式。但与店内外推广投入相比，费用占比高、效果并不明显，在企业资源不够充足的情况下，可以有选择地投放，甚至不投放。

（四）其他广告

在企业资源充足的情况下，可以投放；企业资源不充足，根本不予考虑。

五、消费体验化

消费体验式推广不但成本低，而且见效快。

现在的广告太多，竞争激烈，不但成本高，而且消费者已经麻木了，视而不见，听而不闻。

体验式推广有三个优点。

一是告知消费者这个品牌或产品在做什么，而且能够让消费者记住，甚至传播。

二是通过推广活动让消费者充分参与，体验消费该产品，消费者只有体验产品才能感受产品，才能说出优、劣、好、坏，才有下次消费的基础，甚至能与品牌或产品建立相关联的情感。

三是小型推广活动成本低、见效快。一个大户外高炮的广告费用可以做十几场小型的推广活动。

许多企业情愿投广告，不愿意做推广，因为他们把推广活动当作促销活动，若这次推广活动没有卖出大量的产品，就感觉亏本。看到大企业投入大量的广告，自己也跟着学习，投入广告，但是资金不足，得到的广告位差，取得的宣传效果也差。

对企业来说，要明白推广活动的目的是什么？是销售大量的产品，还是让消费者记住自己的品牌、传播自己的品牌，体验自己的产品呢？一个毫无知名度的品牌，消费者怎么可能消费呢？

任何结果都是由量变到质变，累加而成的结果，不要渴望一下子就能创造奇迹。

3.3 产品动销规律

铺货讲究策略，动销讲究规律，同样的战术、方法，让不同的人在不同的节点采取不同的节奏，结果大相径庭。

区域市场的操盘者必须深谙新产品动销的规律，以及规律中的逻辑关系，才能确保新产品上市后成功动销。深度把握动销“三率三度”背后的奥妙，产品动销才能精准、高效，避免走弯路。

动销 = 铺货率 × 推荐率 × 拜访率 × 活化度 × 促销度 × 客情度

一、铺货率

铺货讲究铺货率，即匹配产品销售的终端数量是多少，让匹配产品销售的终端基本能够销售本产品。

铺货率是打造产品的销售势能，即通过铺货率打造产品市场氛围，增加产品与消费者的见面机会。营销的根本目的是造势，势大则事半功倍。动销需要势能，终端铺货率高低决定了产品在市场上的能见度，决定了产品在市场势能的强弱。

二、推荐率

推荐率即销售终端的推荐质量。

推荐率是打造产品的动能，即通过对领袖终端的建设，充分发挥其新产品推荐的积极性，形成示范效应，增强产品消费影响力和其他跟随型终端的信心，以点带面拉动其他终端销量。领袖终端就是指那些新产品推荐能力强、规模较大、经营时间较长，对其他终端和消费者有影响力的终端。

所以，若想新产品快速动销，在追求铺货率的同时，也要追求推荐率，把那些既能“引导”消费，又能在初期“把握”价格的领袖终端找出来，聚焦资源，重点进攻，依靠这些领袖终端的推荐使产品快速动销。只有势能与动能高效结合，才能形成产品动销的完美组合。

新产品是因为有人愿意卖才可能畅销，要解决愿意卖的问题，即解决终端推力问题。终端愿意“费力”推荐新产品的理由很简单：更好的客情与更高的利润。

新产品基本上要保证终端利润是畅销竞品利润的1.5倍，才能充分调动终端主推的积极性。终端利润多寡不能直接体现在产品价格上，否则就是低价销售，要体现在渠道促销活动方式与双方的合作方式上。

三、拜访率

拜访率不仅是拜访频率，还是拜访的质量与效果。只讲数量没有质量，是没有生产力的工作，是在制造成本，而非创造价值。

终端拜访工作的主要价值在于清楚拜访的目的：取得什么效果（如产品陈列位置由差位置到好位置，客户由不认可产品到认可产品，客户对产品由只是陈列到开始主推等）；发现什么问题（产品不动销是因为消费群体与产品不匹配，还是因为产品销售信息没有传达到位，终端没有尝试推销产品呢）；解决什么问题（客户上期要求的品尝酒，本期能否带过去；通过现场推销，帮助终端建立推销本产品的信心；上期客户不答应的终端广告位，本期却答应了）。

终端拜访工作绝对不能流于形式，只讲数量、流程，结果做的全是无用功，企业的指导流程只是工作的标准与步骤，工作深度与价值才有助于产品动销。

四、活化度

活化度主要是打造产品动销的氛围，诱导消费者，改变消费者的心理。

活化度包括四个层面：一是产品陈列；二是堆头陈列；三是物料氛围；四是城市活化。

（一）产品陈列

产品陈列的优劣主要体现在三个层面。

一是陈列的产品。对主导核心的产品必须强化陈列的效果与价值力，如古井年份原浆中献礼版、5 年版、8 年版产品，无论是陈列数量还是陈列位置都超越同品类中的 16 年与 20 年产品。

二是陈列的数量。对核心店一般采取 3 ×4 或 3 ×5（品种数量 × 产品数量，下同）形式，普通店采取 3 ×2 或 3 ×3 形式，大陈列通过独立协议保证更多陈列数量或专柜陈列，要求最佳陈列面不低于 24 瓶。

三是陈列的方式。根据产品的档次，在货柜或货架上自上而下陈列，或者摆成一排，价位高的产品放中间，其他产品依次摆开，陈列面上必须有价格标签。

（二）堆头陈列

货卖堆山，在任何时期都是一个比较高效的产品展示方式。一般店内堆头陈列最少不低于 10 件酒，并辅以标准化物料展示，如大展板、手提袋陈列、整箱贴等。

（三）物料氛围

店内外墙体喷绘，店内柜眉制作、生动化物料的运用，如海报、价格贴、吸塑画、条幅等，都须做到极致，超越竞争对手。终端氛围打造如果无法在数量、形式方面超越对手，就必须将某种氛围形式做到极致。

（四）城市活化

城市活化是在消费者生活中植入产品广告，随处可见，常见的有电视、报纸、电台、户外、高炮、门头、墙体等。如果企业广告费用相对不足，就选择一种形式，做到极致，以最少的资源取得最大的影响力与最好的效果。比如，选择某个区域市场、某条街道，只做喷绘式门头广告，或者只做喷绘式墙体广告，打造样板区域市场、样板街等。

五、促销度

公关与促销是白酒动销不可缺失的核心组成部分，帮助核心终端抓住核心消费人群、核心消费场所，以促销、体验、品鉴结合的方式，推动新产品销售，让消费者迅速接受产品。

一般情况下，多频次的消费者促销活动让终端与消费者感觉产品在动，帮助终端销售，增强终端销售的信心，调动终端的主推积极性和消费者消费热情。

（一）渠道促销

对白酒行业来说，1 年内要有计划地开展 5 波渠道促销活动，3 月初一次（淡季前一次促销）、4 月底一次（五一婚庆高峰）、7 月份一次（谢师宴）、中秋节一次（旺季前）、春节一次，活动形式必须灵活多变，如进货奖实物、进货奖旅游、陈列有奖、进货抽大奖、累计销售奖励等，必须把握时间节点，到时必须结束，推出下一波活动，同一活动的周期一定不要后延。

（二）消费者促销

产品本身可以自带刮刮奖，还要有针对终端的买赠活动、品鉴体验、幸运大抽奖、买就参与砸金蛋、走进社区行、买就参与其他娱乐活动、核心消费者公关赠送。

（三）核心店促销

选择人流量大、辐射力强，匹配本品销售终端网点，尤其是餐饮终端，联合终端在店内策划系列消费者促销活动，并把促销信息充分传播出去，如买大赠小、买二赠一、买酒赠菜、用餐赠酒、限时赠酒、限桌赠酒（前几桌赠）、抽奖活动等。

（四）核心区域促销

针对终端网点比较集中、目标消费群体比较大的片区或街区，如低端白酒之于大排档，集中销售人员、促销人员、市场人员在这个片区不间断、循环地做消费者促销活动，直到这个片区的目标消费者在消费这个价位酒时能够自点本品。这样的活动如果能坚持20天左右，效果还是非常显著的，基本可以转移阵地或片区，开发第二个样板区。

（五）核心消费领袖公关

在资源允许的情况下，让意见领袖通过试用对产品留下初步印象，让意见领袖影响普通消费者，扩大市场销量。利用针对意见消费领袖的赠酒公关活动等，不断扩大核心消费人群，帮助终端销售产品，打造市场动销氛围。

在所有的消费者活动中，没有比送酒启动市场更快、更节省成本的打法了，但是一般企业宁可耗着，也不愿意做。

一个终端如果在短期内连续三次以上回货，产品就容易成为主推产品，而且容易推销，因为终端已经掌握了推销产品的窍门。一个消费者如果能在短期内连续消费你的产品三次以上，说明他已经接受了产品的品质、口感和其他卖点。

六、客情度

渠道客情的建立并非拜访率高低的问题，而是带给终端客户实际价值的问题，主要表现在两个层面。

一是物质层面。常规渠道进货促销外的额外支持问题，如赠酒、小礼品、消费者品鉴，甚至是促销人员支持等。

二是精神层面。对客户的关心、重视程度，和客户有共同的爱好，每次拜访都能给客户带来建设性指导建议，并非是关于产品而是关于客户生意或生活的意见。高效的客情维护并非源于物质利益，而是客户认为你存在的价值的大小。

第 4 章

占领渠道

4.1　做精烟酒店

就销售价值而言，烟酒店超越了餐饮、团购、超市、电商等渠道的贡献度，是集团购、零售、分销、陈列、推广五种功能于一身，成为白酒品牌必争的渠道，但烟酒店开发、动销、管理等方面的问题，一直是许多酒水品牌的老大难问题。下面就从烟酒店的开发、动销、管理三大核心问题谈起，为酒业营销人提供一些办法。

一、烟酒店开发的7大策略

（一）陈列式进店

陈列式开发不仅能解决产品快速进店的问题，还能增强产品销售氛围，增加产品销售机会。陈列式进店有四种方式。

一是进货金额作为陈列费进店。

终端店现金接货，企业分阶段把现金作为陈列费返还终端，但终端必须保证产品排面、产品数量、产品位置按照厂家要求陈列，一旦陈列面上的产品销售了，终端就需要进货，保证排面的完整性。至于陈列费多少、陈列时间多长、进货额多少，厂家需要根据当地竞争情况设计具有竞争力的活动、陈列政策，才有助于终端接货。

比如，一个系列产品组合（一般为三个产品）一次性进货2000元，每个单品保证四个陈列面，半年返完，首月先兑付陈列费，其余次月兑付。这种进店方式一般是品牌虽有一定知名度，但不是当地市场的畅销品牌，终端现金进货的积极性不高，厂家或经销商想通过现金销售提高终端对本产品的重视程度而采取的返还现金的陈列进店措施。

二是产品作为陈列费进店。

终端不愿意现金接货，企业又不愿意赊销，又不能停止开发网点，于是，企业选择一个折中办法，设计一种产品组合。只要终端能够保证产品的陈列数量、陈列位置符合厂家的要求，在陈列时间结束后，产品不仅全部归终端所有，还能够享受厂家给予的额外陈列费。

比如，某品牌为了快速铺货，制订每个单品 4 瓶的三个品种的产品组合，只要终端能够按照厂家指定位置、指定数量进行陈列，半年后产品全部归终端所有，如果终端还能保证店外连体箱陈列，每月再赠 1 瓶酒作为陈列奖励。这种进店方式一般是在当地市场毫无影响力的新品牌开发市场时的无奈之举。

三是陈列多少送多少。

一些销量比较大，影响力比较大、产品动销不成问题的终端，企业为了占领更多的排面与更好的位置，获取更大的展示空间，采取陈列多少送多少的进店方式，一般能占领终端的一个专柜的所有货架，甚至更多货架。这种方式的陈列时间一般为一年，表面上看，陈列费用很高，分解到月或折算成现金其实成本很低，因为终端好位置不但寸土寸金，而且有限。比如，终端产品陈列 36 瓶的大陈列，分解到月，每月才 3 瓶酒的陈列费，只不过是每月兑付陈列费与一次性兑付、先兑付陈列费的区别罢了。

这种大陈列店唯一的不足是厂家缺少控制终端的砝码，终端后期可以不按照厂家的要求陈列，或者终止合作。厂家也很无奈，基本上靠客情关系与客户的守信度保证陈列质量。于是，许多厂家采取陈列产品赊销、终端打欠条、陈列费厂家月度兑付或者季度兑付的措施，让终端遵守陈列协议。

（二）陈列费与促销政策结合进店

新产品的终端供货价偏高，一个系列产品组合占用终端资金偏多，而且产品动销情况难料，终端感觉风险较大，接货积极性较低。为了解决这个问题，许多企业，尤其是经销商，采取陈列费与促销政策结合进店的方式，提高了终端进货的积极性，也使厂家或经销商盈利。

比如，终端首次进货1万元，终端陈列费6千元（分月兑付），终端感觉虽然陈列费高于竞品，但花了4千元进了1万元的货，占用资金不多，接货的积极性比较高。对厂家或经销商来说，只要产品进店陈列就必须兑付陈列费，只要终端进货就必须给予促销政策，只不过终端花钱把自己的陈列费（产品）一次性兑付，再由企业分月返还罢了。

这种方式的弊端有两个。

（1）因为陈列费被转化成促销政策，产品供货价与指导零售价的价差很大，一旦动销难，产品就会被降价销售，容易造成价格混乱。

（2）终端二次进货，渠道促销政策要大于第一次铺货的促销政策，否则，终端感觉力度太低，影响进货热情。因此，厂家或经销商采取这种策略进店，必须采取“打高走低”的办法，故意在首次进货时抬高产品终端供货价与指导零售价，留下足够空间做渠道促销，保证终端动销后二次进货的积极性，即使终端实际成交零售价下滑，也在企业的可控范围内。

（三）品鉴会式开发

品鉴会一般分为三种。

一是新产品上市发布会。通过业务人员广发英雄帖，邀请客户到场，现场感受企业新产品上市发布会的盛况，听取企业新产品市场营销思路与推广策略，并参与抽奖、品鉴、领取礼品等。企业通过新产品上市发布会，通过专家解析，以及政商重要人物的参与，引导客户对新产品的认知与认可厂家实力、思路、魄力，降低新产品上市的难度，提高新产品上市的速度。

二是烟酒店小型推介会。区域负责人邀请本区域核心烟酒店老板、老板娘、核心负责人，由经销商或厂家领导，组织一桌式新产品品鉴会或交流会，听取客户对新产品上市推广的意见，增强客户主人翁意识与对企业的认可，并建立或加深客情关系，为双方合作打好基础，提高后续跟踪成交概率。轮流、多频次举办这种品鉴会是“短、平、快”的新产品上市操作手段，成功率高，有助于成功开发市场，更有助于客户主推新产品，易于启动市场。当然，烟酒店小型推介会也需要前期拜访、赠送产品，重要的是区域负责人亲自邀请。

三是圈子式品鉴会。许多烟酒店老板都有自己的圈子，他们经常互通信息、相互支持，联合起来共同对外。在这样的圈子里，有话语权、影响力与号召力的人俗称“带头大哥”，只要搞定“带头大哥”，由他号召小兄弟们参加品鉴会，并被感动或承诺主推产品，市场启动效果一定非常好，不仅现金接货（企业要大力支持），而且主推产品。

（四）参观旅游式开发

在新产品上市前，邀请区域市场核心烟酒店老板、老板娘、主要负责人到酒厂参观，并进行样板市场考察学习，已成为开发烟酒店最有效的手段之一。现在，烟酒店的老板更加重视企业的实力、未来趋势、发展机会和学习机会等。烟酒店老板只有亲自到企业参观、体验，才能感受到企业的实力和发展前景。样板区域市场或成功烟酒店的操作方式都比较稳定，把烟酒店操作较好的区域市场或单店作为榜样，作为其他烟酒店参观学习的基地。通过建立和参观榜样基地，促进烟酒店合作。这种参观旅游式客户开发模式重在体验、交流、感触、学习等，千万别真的成了纯粹玩乐的旅游。

（五）利用业务人员的资源

为什么许多企业在招聘业务人员时强调有工作经验与客户资源者优先？有烟酒店客户资源的业务人员多与客户有一定的客情关系，能够提高烟酒店的开发速度，尤其是那些不知名的品牌，效果更明显。这些厂家的产品销售不理想，才导致厂家的业务人员在服务和客情方面多下功夫，这类业务人员最适合新开发的烟酒店。

（六）利用客户介绍

客户介绍客户也是不错的烟酒店开发方式。一些烟酒店老板，无论业务人员采取什么方法，总是久攻不下。这时候，如果有重要人物引荐或推荐，就容易拉近关系，产品进店问题还是能解决的。

（七）频繁拜访打动客户

通过执着拜访与周到的服务打动烟酒店老板，进而取得成功。这种开发方式费力费时，效果不明显，容易挫伤业务人员的工作热情。对那些没有品牌影响力的企业来说，不建议在初期市场开发阶段采取业务人员辛苦拜访的方式，这种方式不但劳民伤财、费时，而且效率低。

二、烟酒店动销的 8 大策略

动销一直是品牌最关注的问题，有动销才有销售，有销售才有未来。

（一）终端店氛围打造

终端销售氛围容易激发消费者的购买欲望，提高信任度。氛围营造包括两个层面：

一是产品陈列最大化。

二是店内外氛围营造，门头店招、橱窗或墙体广告、灯箱广告、柜眉、包柱、价格牌、促销牌、堆头、堆箱等。

（二）终端店推荐

在初级阶段，新产品动销主要靠终端店推荐。通过终端推荐，消费者逐渐形成主动购买的习惯与意识。终端店推荐的积极性主要靠利益驱动与客情驱动，以及刺激终端主动推销的消费者促销活动驱动。产品利益最低也是同价格销售的畅销品的 1.5 倍，要有额外的房租、水电、员工工资、陈列费用等方面的利益支持。不过，许多企业有销量要求，但客情靠的是业务人员服务价值与企业的重视程度。促销活动具有引爆性，让终端积极响应。

某企业为了提高终端推荐的积极性，终端二次补货时，除了可以享受常规的进货政策外，还可以获得抽奖卡，中奖率100%。刚开始，大奖较多，直接调动终端的积极性，提高参与度与传播度。虽然刚开始参与的人不多，但抽奖结果迅速被传播，终端热情逐渐提高，效果不错。

某企业做的200家烟酒店免费喝、空瓶换酒的活动，效果非常好。选择200家烟酒店免费供货，目的并非快速铺货与建立客情关系，而是要求200家烟酒店必须把免费提供的酒水在1个月内喝完。很明显，免费赠酒是为了提高产品的市场能见度，而能见度高并不代表产品能动销，产品动销的关键是让消费者尝到酒，享受到服务。试想一下，烟酒店不可能把这些酒全部喝掉，必然会作为一种服务手段向忠实客户做推荐，而客户也享受到了烟酒店的服务，可谓一举三得。酒喝掉了，还可以拿空瓶换酒，动销了，有利益了，烟酒店自然就重视这个品牌了。

（三）终端消费者促销

为了刺激终端店动销，可以在店内举办买酒赠烟、买二赠一、限时打折、限量打折、限时赠送、限人赠送（不一定是本品）、现场品鉴体验、幸运大抽奖、买就可以参与砸金蛋、买就可以参与其他娱乐活动等。当然，有些活动需要企业人员现场操作。

（四）产品盒内奖促销

新产品盒内奖必须把握一个原则，初始阶段大奖多，中奖率高，这是关键。至于盒内奖品，根据当地消费者喜好，选择有吸引力的奖项。比如，有的企业设置瓶瓶有奖、再来一瓶；有的企业用大奖增强吸引力，中计算机、中金戒指、中苹果手机、中百元现金等，目的是促使消费者购买。盒内设奖一定要告知消费者，终端主动告知与推荐，效果非常好。

（五）终端店核心消费者品鉴会

每家烟酒店都有固定常客，这些固定常客是烟酒店的核心消费者，需要烟酒店长期维护。烟酒店推荐一个新产品，首先推荐给常客，常客也不排斥终端店推荐产品。新产品想在终端店快速动销，一般要协助终端店老板“撬开”核心消费者的嘴。一般采取的方式是由烟酒店组织核心消费者品鉴会、聚会、某个集体活动，品鉴并赠送一部分酒给核心消费者，费用和酒由厂家出。

（六）赠送品鉴酒

为了促进终端店销售产品，企业会针对终端的核心消费者进行公关赠酒，让其成为本品牌的核心消费者。有的企业会根据进货量提供小瓶品鉴酒，便于终端店让消费者品尝、促销、直接赠送给消费者；有的企业给予一定数量的品鉴卡，烟酒店老板发放给重点客户，凭卡兑换规定数量的产品；有的企业定期给予各烟酒店一定数量的客情宴请用酒。

（七）派驻促销人员

企业根据烟酒店的销售力、销售季节和客户要求，会在烟酒店配置促销人员，让其帮扶、管理烟酒店工作，并主推本产品。

（八）喜宴促销

为刺激烟酒店老板在喜宴促销时主推本产品，加速产品动销，让更多消费者品鉴新产品，不仅对喜宴购买者加大促销力度，还给终端老板不菲的推荐奖励。

安徽市场的古井年份原浆5年产品，开票价是158元/瓶，婚宴价是188元/瓶，每桌赠送1瓶光瓶酒，要求购买数量不低于赠送数量。终端负责向消费者推介，推介成功后联系经销商或业务人员，确定宴席举办时间和地点，经销商负责配送至现场，并确认最终用酒数量。按照最终用酒数量每瓶给终端返利30元、中间人介绍费每瓶20元，超过十桌，再奖励终端150元现金。

三、烟酒店管理的9大策略

管理的本质是产生绩效，并非按照流程僵化地执行，让销售人员知道自己该做什么是关键。

（一）抓核心

每个区域市场或业务人员管辖的片区，都有一些销量比较大、影响力比较大、信誉和口碑比较好的优质终端。对这些终端，客情投入、利益投入、关系深度都要作为第一要务，在陈列、氛围、压货、主推、销量、稳价等方面起标杆带头作用，这样的区域不但是良性区域，而且销量稳定、持续增长。核心客户建设是一个长期过程，包括对老板本人的特殊化客情服务。

（二）分层级

根据烟酒店的核心位置（餐饮街区烟酒店、烟酒批发中心、商业区）、主销价位（如中档和中高档为60~300元）、企业经营信誉、销售动力等要素将烟酒店分成三个层级，通过分级管理策略实现烟酒店利益分配与合作管理。

第一层级：客户合作广泛，具备烟酒店特征即可，不限制客户数量。

第二层级：选择具有初步优势的客户合作，能满足并配合企业的部分要求。

第三层级：重点筛选，全方位合作。能满足并达到企业个性化合作要求，优质客户限量。烟酒店客户三级利益分配如表4-1所示。

表4－1　烟酒店客户三级利益分配

合作层次	物料配置	政策支持管理
第一层次陈列合作	陈列专架5层×6瓶 台卡、活动海报或KT板张贴	常规月度返利
第二层次传播合作	陈列专架5层×6瓶 台卡、活动海报或KT板张贴 增加：产品形象展架、定期设置堆头、终端空白墙体形象传播	月度返利 季节奖励
第三层次联营体战略合作	陈列专架5层×6瓶 台卡、活动海报或KT板张贴 产品形象展架、定期设置堆头、终端空白墙体形象传播 增加：将企业产品作为各个价位段主推产品，完成每月的销售任务；对企业的产品进行攻关团购，配合办事处进行产品的品鉴营销工作；专场促销；专场包装费用支持	月度返利 季节奖励 年度任务完成奖励 长期促销员支持 团购开发费用支持 专场包装费用支持

（三）勤拜访

终端拜访虽然是技术含量相对较低的工作，但如果带着目标与问题拜访终端，就会提高终端拜访的质量。比如，在拜访中坚持发现本品问题、寻找竞品异动、了解产品动销症结、抓陈列、重氛围、多提醒六个基本工作要求，与烟酒店老板有效沟通，传达产品销售卖点、促销信息、价格策略，逐步让烟酒店老板养成主推的习惯。客情永远建立在日常工作中！

（四）懂投入

对业务人员来说，把资源用在刀刃上也是一门学问。每家企业都有资源使用标准与申请标准，许多业务人员依然不能把握资源使用的高效性与销售价值性。比如，公司开展产品大陈列活动，许多业务人员重量不重质，普遍集中在中小客户上，那些相对难搞定的大客户没签几家，这是典型的资源浪费。公司组织一桌式品鉴会要求业务人员邀请客户，由于邀请大客户比较难，结果邀请的多是小客户，造成资源使用效率降低。公司品鉴酒的安排，许多业务人员联系客情关系好的客户多，而客情关系差的客户被忽视了，殊不知这是利用资源建立关系的好机会。**资源一定要多投入在能够持续贡献销量的新客户开发与老客户维护上。**

（五）重动销

终端动销工作永远是业务人员最核心的工作，客户推荐率、产品动销率永远是业务拜访中的核心武器。通过提高终端主推热情、解决终端推销疑问、提供客户推销办法等方式提高终端推荐率；通过提高客户推荐率、提供活动支持、提供核心客户公关等方式提升产品动销率和销量。

（六）巧公关

真正的公关源于生意以外的关系。许多优秀的业务人员和客户的关系并非是业务上的合作关系，并非仅仅依靠赠送小礼品、聚餐、送品鉴酒等物化层面的公关手段维护关系，而是发现客户的爱好成为共同爱好的朋友，发现客户背后的需求，给予客户有价值、有意义的帮扶。有的客户喜欢钓鱼、有的客户喜欢摄影、有的客户喜欢书画、有的客户喜欢运动……策划一些具有圈子性质的集体活动，既有利于加深客情，又能推广传播，一举多得，比单纯请客、赠酒的价值回报大。

（七）给面子

每个人都有虚荣心，客户越大，地位越高，虚荣心就越强。抓住客户爱面子的心理，制造让客户感觉被重视的事件或说法，让常态、常规的事情变得有意义、有价值。

请客户吃饭，许多业务人员也许会说："××老板，有时间吗？咱们聚聚？"聪明的业务人员会找到请客理由，也许会说："××老板，由于你

们店的终端氛围做得比较好，公司奖励我200元，为了表示感谢，必须请您吃饭。”也许会说：“××老板，由于您的大力支持，我超额完成了任务，为了表示感谢，必须请您吃饭。”

公司有一些总经理签名的公关礼品酒，许多业务人员会直接选定客户送过去；聪明的业务人员会组织一次目标客户聚会，感谢他们的支持，由参与聚会的领导亲自馈赠，价值与意义就会提升。

（八）控价格

烟酒店是典型的价格杀手，价格管理是烟酒店管理的一项重要工作。许多企业为了稳定价格体系，利用销售补贴，固定月度、季度、年度返利，模糊返利，促销政策等手段把握价格体系的控制权。即便如此，也无法阻挡烟酒店为了抢夺客户低价销售的行为，这需要业务人员在拜访客户时不厌其烦地宣传维护好价格的好处，对恶性乱价、低价行为过分的客户予以警告，甚至不惜牺牲销量进行控货。

（九）压销量

在烟酒店销售中，压货是最常见的行为，如包量销售、超额进货奖、资源换销量（门头、店面装潢）、进货送旅游或送大奖等。在白酒营销中，压货成了体现业务人员能力的关键指标，为了成功压货，业务人员不分客户类别、实际销售能力、客户销售习惯，连哄带骗地压货。结果，那些实际销售能力不强的客户，因库存积压大而牢骚满腹，降价销售；习惯窜货的客户到处撒货；遵守销售规则的大客户看到市场如此混乱，放弃主推，导致销量下滑等。这就是许多市场刚有起色就陷入被动，市场做一个死一个，无法持续发展的主要原因。压货本无错，错在无度，根据类型、客户消化能力、客户主推程度、客户经营习惯，有章有法的持续压货才是正道。

4.2 夯实餐饮店

白酒消费的主要场所在哪里？酒店。无论是消费者自带酒水还是在酒店购买，白酒消费的主要场所是酒店终端。酒店终端是白酒消费的主渠道，这个趋势永远都不会改变。

一、餐饮渠道的5大功效

（一）形象窗口

许多核心酒店都有固定的消费单位和消费人群，他们喜欢在这个酒店签单或自带酒水。在这个酒店进行包量销售或买断终端氛围建设，强化品牌对目标群体的影响力。

（二）沟通桥梁

经常去酒店消费的多是有交际需求的人，对这些人进行品牌宣传、卖点介绍，甚至推销产品。人是有感情的动物，“一次生，二次熟，三次成为好朋友”，经过反复的沟通、宣传，总会让他们转移品牌，即使不在酒店消费，也会在其他渠道消费。

（三）销量保证

一个旺销型的酒店，只要客情关系做得好，客户利润高些，得到酒店相关人员（老板、大堂经理、领班、服务员等）主推或促销人员比较优秀，即使品牌相对弱势，一个月销售60瓶还是不成问题的。

（四）示范效应

若在某个旺销型酒店，你的产品比较畅销，就很容易影响周边其他酒店的销量，甚至让周边烟酒店旺销，还能影响来这家酒店消费的流动性顾客，当他们下次消费白酒时，就会选择你的产品。

（五）客户开发

利用促销人员、业务人员，搜集旺销酒店消费常客的信息，进行店外公关营销，发展成本品牌消费的忠实顾客或团购客户；挖掘宴席型酒店的宴席信息，抓住喜宴消费客户。

运作酒店本质是启动目标核心消费群体，利用核心消费者的口碑影响力，配合公关团购、烟酒店营销，最终全面启动市场。

二、餐饮店分类与启动原则

餐饮渠道的分类方式很多，按档次可分为高档、中档、普通、低档；按经营菜品种类可分为中餐、火锅店、大排档、特色菜、农家乐等。餐饮渠道的启动，大众消费的白酒必须遵循集中性、规模化、步骤性的启动原则，用打造样板街、样板区的方式推进。如果仅启动零星几家餐饮店，对品牌在区域市场的发展没有实质性意义，如果布局网点过多或过于分散，人力、物力、财力跟不上，难以精耕细作，很难快速突破市场。

三、餐饮店调研的5大层面

餐饮终端调研着重把握：餐饮店数量、地理分布、分类情况、竞品情况、单店情况调查。

（一）餐饮店数量调查

销售人员通过扫街式调查统计区域市场餐饮终端总数量，并对终端进行分类统计。通过对餐饮终端数量的调查，分析市场总容量和目标终端市场潜力与发展机会。

（二）餐饮店地理分布

了解各类餐饮终端在行政区域上的分布；研究餐饮终端分布的重点区域和分布特点，确定市场开发的重点，为打造样板街、样板区做好准备。比如，餐饮店位于行政单位、大型企业集中区，中高档消费人群较多，是中高档酒类产品的重点开发终端；工地、车站、大排档是低档酒重点开发对象。

（三）餐饮店分类情况

研究高档、中档、低档终端在整个终端中所占的比例，结合自身产品价格定位情况，确定哪类终端是自己的重点终端。也就是说，产品进入哪些终端才最匹配，才能给自己带来更多的利益。

（四）餐饮店竞品情况

竞品品牌种类及数量、畅销产品、品牌实力、主要竞争对手的营销策略；竞品进场条件：入场费、结款方式等；终端与竞品的关系紧密度；竞品优劣势分析；品牌影响力；市场覆盖率和占有率；产品特点、产品品质、服务质量、产品价格、终端利润空间、促销力度、品牌终端展示情况、市场管理水平、产品结构、产品生命力、新产品上市速度。

（五）单店情况调查

餐饮店单店调查多聚焦白酒销售情况调查（去年销量、今年销量、最近销量、上座率、翻台率等）与进店投资情况调查（是否收取进店费、开瓶费、门头费、展示费、促销费，具体标准是多少），通过了解其销售情况与投资情况，决定合作方式和投入方式。

四、餐饮店开发5大原则

餐饮终端的开发应本着宁缺毋滥的原则，将资源投放到刀刃上，通过

调研，结合产品定位，有目标、有计划、有目的地选择适合开发的餐饮终端。

（一）产品匹配

根据产品定位的价格带和目标群体，选择匹配的餐饮终端进行开发。中高端的大众酒选择餐饮终端时，以中档店和普通店为首选，特殊情况下，可酌情纳入部分高档店和低档店；低档酒开发对象为低档餐饮店、夫妻店、大排档，尤其是以工地、车站、排档群为重点开发对象。对不同菜品类别的终端店，“中餐优先，火锅店保守”，要积极纳入生意好、有消费能力的火锅店（因区域而异，如河北沧州市场火锅店就特别火爆，夏天吃火锅的人特别多）。

（二）面中做点原则

选择餐饮终端时，应考虑区域市场整体餐饮店分布的地理位置特点，整体布局，重在打点，即主抓样板街、样板区，以点打面，逐步推进，从而增强辐射能力。

（三）销售回报原则

调查终端最近的生意状况，生意长期较好、顾客入座率高且稳定、产品易于动销的店为首选；不宜选择生意一般且入场费高的终端和生意较差的终端。

（四）优先原则

任何市场都有老字号的餐饮店，这种餐饮终端开业较早，在当地消费者心中有较好的口碑，生意稳定、影响力强，适宜将此类店作为目标。同时，特色餐饮店的白酒销量大，可以作为重点目标，特色餐饮店包括特色菜和农家乐。

（五）支持形象包装原则

在产品动销促进因素中，终端生动化包装起着积极作用，故选择餐饮终端时，应考虑该店能否支持整体形象包装和产品生动化建设，完全不支持的终端，应谨慎考虑。

五、餐饮店动销策略与方法

没有动销一切都是空谈，产品铺到终端仅仅是库存的转移，唯有持续动销才是正道。

（一）影响动销的因素

一是产品因素。新产品口感是否适合，价格定位是否合理，包装档次能否支持价格，是否让消费者喜欢，产品结构的组合是否合理等。

二是品牌因素。品牌知名度低，品牌推广力度低，餐饮终端氛围、生动化弱，对消费者视觉、心智触动低。

三是广告因素。产品卖点不突出，广告力度不够，不聚焦，冲击力不强，吸引不了消费者。

四是公关因素。终端客情公关不到位，意见领袖公关不到位，缺失大事件公关活动或没有引爆点等。

五是促销因素。促销活动频率低，促销活动力度低，消费者"不感冒"；促销活动形式不能引起消费者注意；促销信息传播不到位，消费者没有关注等。

六是终端因素。客情不到位，终端配合度低，不被重视或不被推荐；竞品在终端强势，没有销售机会或被竞品拦截等。

七是人员因素。销售人员的素质与能力不足，工作积极性低，工作方法不正确，客情关系的处理与把握欠缺火候等。

（二）餐饮店动销的策略

一是竞品买断店。即只允许竞争品牌独家派驻促销人员、做促销活

动。这样的店需强化客情关系，如强化对店内大堂经理、楼层经理、营销经理、领班、吧台服务员等客情关系与奖励；发展竞品暗促，加大奖励力度；进攻店内的常客消费者，通过店外公关拦截，让其转移消费；少量进货，提高拜访频率等。

二是独家促销店。即只允许本品牌独家派驻促销人员、做促销活动。这样的店要充分利用终端可利用的资源，如店内外形象包装，终端生动化，产品大陈列，建立良好、全面的客情关系；促销导购现场推销；压货、包量式促销活动；集中、密集的消费者促销活动等。

三是同场促销店。多家品牌的促销人员共同驻店，共同举办促销活动。这样的店比的是谁做得更好，如建立良好、全面的客情关系，争取被店方主推；争取更好的产品陈列面、更多产品陈列数量、更多的终端形象营造点；更新颖、更有力、更频繁的促销活动；安排更好的促销人员，要求促销人员扩大活动面；发展暗促；获得最好的促销包厢等。

四是自然销售店。产品赊销陈列进店，主要靠店方销售，无论竞品还是本品都没必要派驻促销人员或不被允许派驻促销人员。这样的店看谁愿意多做一些，如良好、全面的客情关系；强化产品陈列、堆头陈列；终端氛围营销；发展暗促；加强终端促销活动，加强拜访等。

（三）餐饮店动销的方法

一是抓酒店常客。利用酒店经理、主管、吧台服务员收集、整理大客户信息，并针对大客户组织店外活动（开展主题性品鉴活动、赠送特殊礼品、赠酒等)，让其转移消费。

二是客情公关。与餐饮店的老板、经理、领班、老板娘、服务员、采购、大厨、财务、核心消费者等建立良好的关系。

三是发展暗促。把酒店能够直接接触消费者或有决定权的人发展成暗促，如大堂经理、楼层经理、领班、服务员、竞品促销人员等。

四是促销活动。开展三方（酒店、本品、消费者）共赢的促销活动，如喝酒送礼品、喝酒中大奖、喝酒抽奖、喝酒砸金蛋、限时折价、限桌赠送等，最好具有爆炸性、价值性、利益性、传播性。

五是免费赠酒。举办目的性、规模性、集中性、时限性、传播性的赠酒活动，让大批消费者同时喝到酒，制造传播话题以引起消费者的注意。如某品牌白酒在国庆7天举办所有酒店用餐消费本品牌白酒一律免费的活动，不仅成为新闻性事件，而且被广泛传播，国庆过后，这个品牌居然快速动销。在某个样板餐饮街区，晚上同时举办免费赠饮活动，持续一周，随后又举办10天的喝酒抽奖活动，再举办买酒赠菜的活动，连续30天，不间断地举办活动，这个样板区动销氛围基本打造成功。

六是促销人员。把优秀的促销人员调到核心酒店，后期可考虑把中等促销人员调到核心酒店，把优秀促销人员调到重点酒店。

七是业务人员。划区、划岗、划店、划目标到人，实施加压式管理，并明确核心酒店业务人员的工作内容、工作要求、工作频率，建好酒店档案资料、常客档案资料、关键人员档案资料，并把维护能力强的业务人员调到核心酒店，每人负责5~8家酒店。

八是终端氛围打造。产品陈列、堆头陈列、店外门头、推拉贴、橱窗贴、包柱、吧台帷幔、墙体广告、点菜栏、楼梯台阶、包厢产品展示、包厢吸塑画等，争取最大空间，营造本品牌销售氛围。

六、餐饮店促销的8大形式

终端促销不仅能诱导消费者购买产品，还能活跃气氛，增强品牌热度与市场热度，强化消费者对本产品或本品牌的认知。

一是组织意见领袖。公关酒店常客，使其成为本品牌消费领袖，到酒店消费专门点本品牌的酒或专门带本品牌的酒去消费，影响其他消费群体，这里需要给予部分公关费用或赠酒。

二是买赠活动。联合酒店开展买赠活动，如买酒赠菜、用餐赠酒、“买一赠一”、“买二赠一”，买酒赠礼品（烟、小包装酒或其他促销礼品）、买酒赠优惠券、赠娱乐场所打折券等。

三是折扣活动。联合酒店举办折扣活动，如限时折扣（某个时间段）、限量折扣（数量折扣：1 瓶全价、2 瓶 8 折、一箱五折，一箱封顶）、梯次折扣（第一瓶全价、第二瓶 6 折、第三瓶 4 折、第四瓶 3 折）等。

四是抽奖活动。抽奖促销的常见形式有一次抽奖、多次抽奖、游戏式抽奖等。山庄老酒在石家庄市场开展的“砸金蛋”活动，将“砸金蛋”活动搬进酒店，引发消费者参与热潮。某企业与市内一家酒店合作，每隔一周就有一个“每消费 100 元获得一次抽奖机会，特等奖为‘餐费免单’的现场抽奖促销秀”，连续做了 1 个月，不但该酒店因客流不断而喜笑颜开，而且引起其他酒店的关注，主动要求进货做促销。

五是盒内设奖。通常在盒（盖）内放置刮刮卡，卡上列明奖项，消费者刮开涂层即可得知是否中奖，以及中了几等奖。奖项包括酒票、代金券、烟、现金、计算机、手机、金佛、金戒指、旅游等，形式多种多样。一般要针对酒店有目标性放置大奖，才能引起轰动。

六是免费赠饮。联合酒店做免费赠送活动，如限时赠送，在某个时间段（如晚上六点至 7 点）免费赠酒；限桌赠送（前 5 桌免费赠送）；特殊节日赠送，如中秋、国庆、元旦、新店开业、圣诞节等。

七是主题性促销。联合酒店在特殊节日（端午节、父亲节、母亲节、情人节、中秋节、圣诞节、春节等）举办有主题性的活动等。

八是宴席促销。买断酒店宴席信息，提供信息给予提成；买断酒店宴席桌数，驱动酒店主动帮扶厂家推荐宴席用酒；消费者宴席用酒享受同样的宴席促销政策，如每桌赠 1 瓶酒、赠烟、赠饮料、赠旅游、赠婚车等。

七、餐饮店客情渗透与公关

买断了酒店，能否完全掌控酒店？买通了酒店老板，是不是也把酒店管理人员买通了？买通了酒店管理人员，是不是也把服务员搞定了？所以，针对他们的需求、喜好进行有意识、无意识的公关，把他们拉到自己的战线上，让其主推本品牌的产品，对销量提升、品牌推广有巨大作用。

（一）老板主导型酒店

一是利益驱动。了解该店主要竞品与其合作方式和政策支持，给予其他利益支持，如包量、返利、累计销售奖励、派驻促销人员、特设开箱奖励（刮卡形式、礼品奖励）、开展有助于销售的促销活动、店内装潢、氛围营造物料的支持等。

二是客情驱动。为老板及家人送节日祝福，了解老板及家人的生日、纪念日、升学、店庆等信息，申请赠送祝福礼品、电话短信祝福、申请店庆活动、帮助其解决实际问题。

三是打入其圈子。根据老板的喜好、生意需要、社会关系，利用关系进入其私交圈，成为有共同爱好的朋友。

（二）经理/店长主导型酒店

一是利益驱动。销量提成奖励，具体标准根据实际情况确定。

二是礼品赠送。对于女性，主要赠送与美容、健身相关的礼品，如化妆店购物卡、美容卡等。对于男性，赠送品鉴酒（卡或实物）、品牌服装购物卡等。

三是找机会关爱。节日祝福，了解他们或其家人的生日、纪念日、升学等信息，申请赠送祝福礼品、电话短信祝福、帮助其解决实际问题。

（三）服务员、吧台人员主导型酒店

一是直接放置现金。对竞品买断的酒店，在酒盒底座隐秘处放置现金，每开一瓶酒，均可暗自从盒内取到一定数额的现金。优点是短期刺激明显；缺点是容易被发现，遭到买断方封杀或被酒店老板、管理人员截留。

二是回收相应凭证兑换现金。回收质量卡、合格证、开瓶器、瓶盖、盒盖等兑换相应的奖励；凭证因隐蔽性不强，需经常更换，同时服务员不能立即获得现金，直接促销利益刺激比第一种方式弱。

三是现金＋回收凭证。酒盒内既有现金，相应凭证又可回收兑奖。既能保证服务员立即拿到物质奖励，若一种方式被发现，还有一种“发财”方式刺激服务员继续推荐产品。

四是积分卡。积分卡分两种，一种从表面上看积分活动是针对消费者的，由于积分要求和兑奖物等方面的原因，消费者不感兴趣，实则是针对服务员的活动。另一种是直接针对服务员，提高他们推销的积极性。

五是销售奖励。根据销售情况，公司给予暗促一定的销售奖励，一是物质方面的提成、实物奖励；二是精神荣誉方面的激励。两种方式结合操作。

六是情感性贿赂。在生日、节假日关爱服务人员；发短信、电话问候；见面时给一些小礼品；不定期的聚会等。小礼品赠送笼络感情：主要礼品为日化品，小包装的品牌化妆品、日用物品，严格控制单价，可以凭借防伪标识兑换，主要由业务人员、促销主管、促销人员帮其代领，或者拜访网点时直接赠送，笼络感情。

备注：客情公关常用的手段一般有14种。

（1）生日礼物。

（2）关怀其亲人。

（3）娱乐场所消费券。

（4）女性美容卡。

（5）男性洗浴卡。

（6）现金。

（7）销售提成。

（8）小礼品（促销品）。

（9）关注个人喜好。

（10）组织活动。

（11）旅游。

（12）帮助解决工作、日常生活中的问题。

（13）规律、有节奏的拜访或电话沟通。

（14）与其家人、朋友保持良好的关系。

八、促销人员安排 3 大技巧

（一）形象型

这类促销人员不需要巧舌如簧，也不必谄媚客人，姣好的面容和窈窕的身材是她们的本钱，得体的谈吐与矜持的浅笑是她们的招牌。这类促销人员是一些有品位的 A 类、B 类店的最爱，既能装点酒店门面，又能展示厂家的形象。

（二）能说会道型

不要过分关注这类促销人员的容貌与身材，但要求她们是“嘴上抹蜜”、“鞋底擦油”的人精儿。最后，厂家高兴、酒店满意、促销人员赚钱，皆大欢喜。她们往往是 B 类、C 类酒店争相竞逐的对象。

（三）踏实肯干型

一般只需招聘 40 岁以下的下岗女工，安排 C 类、D 类酒店，大排档帮老板打杂。她们甚至都不需要招呼客人，只要任劳任怨就行，洗菜、洗碗、扫地、搬酒、上菜等。你放心，只要做到这个份上，老板不会不主推你的产品的。

九、餐饮店生动化的 13 种方式

终端生动化是产品在终端营销极为重要的环节，也是餐饮渠道运作必不可少的一项内容，一般企业都有终端生动化标准使用手册，具体内容如下。

（一）店招

店招具备强大的广告宣传效果，一个黄金位置的店招不亚于一个广告牌的作用。如果店招能够连成片，影响力就更大了，这要根据企业的资源情况。不过，做喷绘式店招的成本很低，效果却比吸塑、亚克力、彩钢瓦、有机玻璃等材质的广告宣传效果好。

（二）墙体喷绘或橱窗单透

无论过路行人还是进店消费者都会注意到墙体喷绘与玻璃橱窗单透。不过，许多城市已经禁止墙体广告，乡镇市场、城乡接合处市场使用得比较多。选择一个片区，只要是能买到酒的地方，都要做本品牌的墙体广告与店招。不过，做墙体广告要给终端一些维护费用，否则，容易被竞争对手抢去。

（三）包柱

包柱分为店门包柱和店内包柱，一般采用喷绘 KT 板。

（四）吧台

吧台、餐饮终端酒水陈列上柜的地方，是很重要的宣传位置。吧台的包装需因地制宜，灵活设计，常见的包装形式有柜身围栏包装、陈列柜广告嵌入、陈列柜灯箱片广告等。对于不具备上述包装形式的吧台，可采用旁边墙壁悬挂灯箱广告、镜框画、吧台上放置陈列座或 L 牌等方式。

（五）镜框画

镜框画是餐饮终端形象包装的主要手法。镜框画适用于餐厅大厅、包厢过道、包厢内室等位置。镜框画的画面内容以系列产品海报为主，也可加入品牌文化等相关元素。制作镜框画时，应注意材质的档次、做工的精致程度。

（六）桌卡

桌卡是终端消费者近距离接触的宣传媒介，形象包装的必需项目。原终端桌卡可换画面的，直接更换画面即可；原桌卡不能更换画面的，用新制作的桌卡替换。

（七）椅套

椅套是终端包装的常用物料，但数量多，导致整体包装成本较高，不建议使用。椅套上可运用的品牌元素仅限 LOGO 及广告语。

（八）展架或易拉宝

展架与易拉宝是可移动的宣传物料，常用于发布促销活动信息，是上述固定广告物料的补充。展架与易拉宝应重视材质的档次，材质差的展架很容易破损或被风吹倒，建议使用材质过硬的展架与易拉宝，虽然昂贵，但使用寿命长，整体成本还是比较低的。

（九）吧台、货柜产品陈列

吧台产品陈列尽量确保重要品项全部上架，陈列时遵循“最佳位置、最佳排面、最多数量”的原则。吧台货架的最佳位置与人的视线齐平，一般为货架中层。最佳排面为品项集中陈列，并遵循视线从左至右、档次从高到低的规律。陈列时还需注意产品主标朝外，在店方货架空间支持的情况下，单品项多瓶陈列效果更好。

（十）单独展柜陈列

在档次较高的餐饮终端，可投放单独的产品展柜，放置于门厅或过道位置，展柜内陈列核心产品或形象产品。

（十一）餐桌陈列

针对部分上市的新产品及小包装酒，可考虑在部分餐饮终端实施餐桌样品陈列，但需标注“样品展示”等提醒字样，防止消费者误认为是赠品。

（十二）堆头陈列

在主题活动开展期间，可针对部分餐饮终端实施堆头陈列，位置一般选用门厅或吧台旁边空闲区，堆头可按“品”字形摆放。堆头陈列是一种视觉冲击力较强的展示方式，但不适用于价位较高的产品，相对来说，更适宜于普通宴席及流通产品。

（十三）其他项目

除上述生动化项目外，餐饮终端还可以考虑门贴、外墙灯箱、纸巾、迎宾牌、指示牌、停车场太阳伞等。

十、做好餐饮小店的精准两步

如何做好餐饮小店？一般只需抓住两类人——酒店当家人和消费者，就能取得不错的效果。

（一）分析两类人群心理

表4－2　酒店当家人和消费者心理

序号	需求	备注
1	酒店当家人	有利润、可占“小便宜”、受优待、被重视、关系硬、信任等
2	消费者（低消费层次者）	有利可图、便利性、广告影响、促销影响、老板影响、熟人影响、忠诚度低等

（二）抓住酒店当家人

表4－3　抓住酒店当家人

序号	影响	备注
1	勤拜访	做好客情的基础，成为朋友
2	勤铺货	变换方式，占据小店资金，迫使其主推产品
3	勤促销	让其感觉有占不完的便宜，好处再多一点（如返箱有奖、进货有奖、累计有奖、超额有奖、瓶盖兑现实物等）

续表

序号	影响	备注
4	勤意外奖励	让其感觉被尊重、受优待
5	勤为其提供帮助	提供经营建议，提供创新菜系，提供生活上的帮助等
6	勤开发网点	低档酒销量除了注重单店销量，还要注重网点数量，规模性、深度性是关键

（三）抓住消费者

表 4-4 抓住消费者

序号	影响	备注
1	持续性促销的刺激性	中大奖：手机、电视、冰箱、三轮车等
2	持续性促销的实惠性	再来一瓶、集盖兑酒/现金等
3	机会性促销的多样性、简单性、娱乐性	“喝二赠一”、“喊三声送 1 瓶”、“喝大赠小”、“现场抽奖”（奖品要实用，有价值）
4	赠品促销	丰富性、实用性（毛巾、香皂、毛毯等）
5	终端生动化	覆盖面大，信息有吸引力

4.3 团购新方法

随着消费者消费的越来越理性，未来白酒团购市场也会更加理性化、透明化、合作化、服务化。

一、团购销售的 8 大路径

鉴于团购现状与未来团购发展趋势，区域型白酒企业必须思变，不要过度依赖个别资源或关系实现团购增长，必须走出去、沉下来、参与到、服务好已有的客户与未来客户，才有机会在团购市场上胜出。

（一）政务消费真的机会渺茫吗

对基层政府单位、事业单位，可按照行政区域划分建立政府事业单位专门的公关团队。通过既有人脉资源对单位的核心关键人进行公关赠酒，谋求与关键人合作。

（二）中小企业是消费的主力军

中小企业单位团购量虽小，却是消费主力。小企业因生意来往、社交需要、宴请客户等还是需要用酒的，这块蛋糕相当大。如建材市场的企业主、家具市场的企业主、花卉市场的企业主、品牌服装的代理商、宾馆老板、汽车4S店、健身俱乐部等。

对小企业采用地毯式搜索模式，细分到每条街、每个写字楼、每个小巷子，制订详细的拜访路线，准备所需的广告物料和产品。前期可选择赠送宣传画册、小瓶品鉴酒或宣传单页；挖掘小企业的关键人，索取电话号码、QQ号码、微信号等联系方式；多频次拜访。

（三）圈子消费是不可低估的蛋糕

圈子营销分为两种：一是参与圈子，二是自建圈子。

参与圈子是走出去，接触、参加俱乐部、协会、商会、培训机构、商学院、老乡会、同学会等民间机构与组织，参加这些民间组织的目的不是它们能用多少酒，而是它们背后的用酒资源。进入这个圈子，就必须成为这个圈子中的积极分子，得到大家的认可，才能为团购销售做出贡献。在公关团购时，许多人都认为赞助这些组织，免费送些品尝酒就能打通关系、建立关系，事实并不是这样。你在这个圈子具有影响力，才能充分利用这些会员背后的资源或自身用酒，才能真正为团购营销做出贡献。

自建圈子，企业根据所需的目标客户和掌握的资源情况，由某个人或某些人带头，组建一个特定的圈子，企业为圈里、圈外的人服务，打造成一个服务、交流、共同爱好的平台。比如，无锡中糖酒业总经理徐立平就在当地建立了一个关于国学文化的圈子，在圈子内扮演组织者的角色，经常组织圈内的艺术家、国学家去各地采风等。通过这个圈子，徐立平挖掘并吸引了很多潜在消费者，并为自己的品牌树立了良好的形象。最后，通过营销手段（组织品鉴会、赞助圈子用酒、组织圈内成员参观酒厂等），让圈内成员逐渐接受了自己的产品。

（四）抓住大众喜宴市场

政商务消费缩水，使婚宴、谢师宴、满月宴、乔迁宴、寿宴等宴席市场成为消费主力市场，企业要用提供更多服务的思维做好大众宴席市场。

宴席团购成功的关键在于促销信息传达与消费购买拦截，企业不仅要做好多渠道、全方位的促销信息传达工作，让消费者在用酒时想到或者看到你的促销信息，还要做好喜宴消费拦截工作。比如，团购经济人尤其是喜宴团购经济人的主推、终端店老板的主推、酒店喜宴买断或者酒店宴席负责人的主推等，这些临门一脚的助推，对喜宴团购成交有举足轻重的作用。

（五）充分利用团购代理人的能量

团购做得比较出色的企业，拥有许多团购代理人或消费关键人，几乎村村有代理、大小单位有关键人。团购代理人或消费关键人多是在当地、本单位有影响力，喜欢活动与交际的人。企业抓住这些人，利用其影响力，实现消费人群对品牌的认知、认可和忠诚的目的，从而促进销售。对团购代理人无论是在情感利益还是在物质利益上，都要让对方满意，因为这群人不仅要面子，还要实惠。比如，餐费支持、免费赠酒支持、销售回扣、不定期旅游、礼品、节日问候等，不同企业有不同团购代理人的标准与合作方法。

（六）帮助烟酒店做好团购工作

许多销售规模比较大的烟酒店不但零售做得好，而且在团购销售方面更是佼佼者。其实，每个发展较好的烟酒店都有支撑其发展的团购资源，对烟酒店老板来说，这些团购资源的开发与维护是需要时间成本与物质成本的。谁能在核心烟酒店老板身上投入除产品本身的高利润外的附加支持，谁就能获得团购销售的主推权，如品鉴酒支持、品鉴费支持、客情礼品支持、培训学习支持、旅游参观支持等。对企业来说，这些支持一定是羊毛出在羊身上，但是在支持过程中一定要变通说法与手段，不能直接体现在产品销量多少的支持上，否则，会影响与烟酒店老板的客情关系和其主推的积极性。

（七）资源整合，异业联盟

目前，白酒行业流行资源互换、跨界营销、异业联盟的团购模式。大家根据自身需求，进行产品置换、易物易购，彼此产生销量，实现共赢。

安徽安庆共好酒业专门联手当地的一些商家组成了合作联盟，涉及家政、娱乐、购物、美容等领域。凡是拥有公司“会员一卡通”的客户，持卡到合作商家购物就会享受相应的优惠。春节期间，该公司的促销活动是积分兑奖，消费者购满1万积分就可以兑换产品、消费券，到联盟的商家消费。

河北保定万商酒业的做法是跟大客户共同出资成立第三方分公司，绑定集团大客户。保定万商酒业本是茅台名将酒在河北的总经销商，为了深挖格力集团河北分公司这个大客户，双方共同出资成立了河北耀泰商贸，共同运作名将酒的河北市场。分公司成立后，万商酒业不仅把名将酒打入了格力集团河北分公司的网点系统，成为格力空调的促销产品，还通过让格力集团河北分公司控股，掌握了其背后的人脉网络。

（八）做客户的用酒管家

怎么才能与客户建立持续的关系，最可靠的方式是让消费者在有产品需求时首先想到你，向你询问酒水方面的相关知识。做客户的用酒管家或咨询专家，做客户在用酒方面最信赖的人。

浙商糖酒集团的团购队伍更注重给消费者提供管家式的用酒服务。要做到管家式服务，浙商糖酒集团强调三点。

首先，当消费者选择明确时，不因为缺少客户的目标产品而放弃客户。在与团购客户接洽时，经常会出现客户所需的产品自己并未代理的情况。浙商糖酒集团的原则是，不能因为公司没有产品就放弃客户，要帮助客户寻找目标产品，并按市场团购价出售，不加价。

其次，当消费者选择不明确时，不要告诉他选哪种产品，要告诉他各种产品的情况，把客户所需价位的相关产品情况尽可能地告知客户，帮助客户选择而不是强迫客户选择。

最后，根据客户需求出具正确的方案，而非最贵的方案。如在婚宴市场上，告诉其各种宴会档次的适宜价位、适宜数量，不让客户花“冤枉钱”。

总之，争取做到客户可以不用浙商糖酒集团的产品，但有需求时首先找浙商糖酒集团咨询，成为客户的用酒管家。

二、团购销售推广促销5种办法

在成交前，团购销售往往离不开公关；在成交时，往往离不开促销(包含回扣)；在成交后，往往离不开跟踪服务。

(一)品鉴会

定期或不定期召开品鉴会，将目标客户召集在一起，使产品在短期内获得一定的影响力。企业要把握住大型品鉴会与一桌式品鉴会召开的关键要点，把握“请进来，走出去”的关键要点，效果还是很不错的。

（二）赠酒

针对目标核心消费领袖或团购关键人，定期或不定期举办赠酒活动，这种方法虽说不够创新，但是成本低、效果奇佳。

（三）旅游

酒厂旅游是众多酒厂屡见不鲜的公关推广方式，通过酒厂参观对消费者进行潜移默化的教育，让其充分认识企业或品牌。

安徽迎驾以生态酒的概念塑造品牌时，以“生态回厂游”活动启动新团购市场，打出“挺近大别山，探秘生态游”的紧密贴合品牌价值的活动，使经销商与消费者直观、快速、有效地认知了品牌，启动了第一轮团购。

2014年7月，西凤酒厂举办针对消费者的大型酒厂参观活动，消费者只要购买3750元的西凤酒，不仅可以受邀到陕西探秘西凤酒厂，还赠送3750元的陕西5日游。

（四）礼品

借势能够对引领潮流的促销品进行团购促销与推广、宣传，有时对白酒品牌与销售推广有强大的助推作用。

借势引领潮流的电子产品，引爆话题。每年苹果新产品上市，都会引发人们的无数猜想，新产品的面世将成为焦点，最先拥有新产品的消费者，无疑成为走在时尚、潮流前沿的代表，首发iPhone新一代产品具有巨大的号召力。

江苏苏阳实业公司一直是当地团购业务比较出色的经销商，除了常规的客户走访外，他们还在团购客户的礼品上费尽心思，专门定制了多款异形瓶酒，不同规格的产品，比如，10 斤、5 斤、3 斤等产品，因为这些异形瓶酒都是平常市面上看不到的，价格很难估算。所以，客户拿到酒后往往有很强的价值感，会当作收藏品保存起来。

（五）事件推广

企业通过策划、组织和利用具有名人效应、新闻价值和社会影响力的人物或事件，吸引媒体、社会团体和消费者的兴趣，以求提高企业或产品的知名度、美誉度，树立良好的品牌形象，最终实现产品或服务销售的目的，如婚博会、集体婚礼、明星见面会、名师讲座、各种研讨会、大事件揭幕式、主题性文化论坛、公益活动（赞助贫困学子、老人等）。事件营销的优点是具有事件的关注性，有利于传播与引爆品牌；缺点是事件营销的成本比较高，事件营销往往具有很强的机会性。

三、团购销售的 12 字真言

团购是一个特色销售渠道，对人际关系要求非常高，要有很深的交情。

（一）拼政策

白酒竞争惨烈，客户为什么要喝你的酒，在同等品牌力与价格的情况下，取决于客户得到的利益。所以，在政策上要比同档次竞品力度大。

（二）拼关系

每个人都有自己的关系网，也都爱给熟人“面子”，做团购更是做“关系”，感情加深了，“关系”也就到位了。

（三）拼服务

服务分为售前服务和售后服务。售前服务就是多跑跑腿、多办办事，让客户感觉你很真诚，用酒随要随送，一瓶也要送，真诚的服务能打动客户。售后服务就是及时回访，喝的怎么样、有什么意见，最好还能帮助客户再次分销，让你的客户既能赚到钱，又能喝到酒。

（四）拼培养

将客户培养成忠实客户，让竞品没有机会撬动你的客户。要从酒的口感上培养、售后服务上培养、个人感情上培养。“人品如酒品”，让客户感觉你是他的参谋，是他的知己，离不开人，自然也就离不开酒了。

4.4　喜宴大进攻

白酒行业进入深度调整期，高端白酒从政务消费向商务消费转型，大众白酒从单位消费向家宴消费转型，单位团购从政府团购向个人团购转型。个人团购消费主要是升学宴、结婚宴、生日宴、乔迁新居宴，以及中秋、国庆走亲访友等，可以统称为个人喜庆消费市场。

一、喜宴市场的营销价值分析

喜宴市场运作得当，对提高整个产品营销价值作用明显，通过宴席市场的运作，在消费者培育、市场氛围营造、产品推广等方面可以节省很多成本。

（一）传播性

品鉴或广告可以培育消费者，能带动整体消费氛围；攀比、跟风、信熟人，尤其是消费意见领袖的选择，带动作用更明显。

（二）聚焦性

宴席市场的消费时间相对集中，比如，谢师宴往往集中在中考、高考后两个月左右的时间，即考试放榜后不久。婚宴往往集中在“五一”、“十一”、农历腊月等。宴席恰好为品牌推广和消费提供了一个平台，便于企业集中资源进行营销操作。

（三）差异性

差异性指的是消费者消费集中，无论是在产品消费还是品牌推广方面，宴席市场都可以成为新产品上市的一个不错的差异化推广渠道。

（四）销售性

喜宴市场容量巨大。一般聚饮消费、单次消费量大，能够让品牌短期上量，尤其是婚宴、丧宴、满月宴等，一般都是几十桌的承载量，以每桌两瓶的饮用量估算，也是一个不小的数字。

牛栏山百年红系列产品于2009年上市，定位于宴席市场，从宴席市场运作入手，全渠道运作。2012年，销售额2亿元左右，成为北京中低端价位首选品牌，成为除终端价位三牛、低端价位白牛以外的中低端超级系列品种，进一步巩固了牛栏山品牌在北京基地市场的区域王者地位。

二、喜宴市场的消费容量分析

既然运作宴席市场如此重要，那么这个市场的蛋糕到底有多大？我们从以下三个维度分析。

（1）中国至少未来10年都是婚庆高峰年。80后作为一个庞大的社会群体进入婚育年龄，给这个行业注入了强大的生命力，如果把这个庞大的待婚嫁群体平均分配到10年中，每年也有1400万对新人。

（2）一对新人平均用酒按1500～2000元计算，将近210～280亿元的市场容量。

（3）据权威机构统计，全国每年婚庆的消费总额达2500亿元。如果婚宴用酒消费额仅以全国每年结婚消费总额的10%计算，婚宴用酒也有250亿元的市场份额，这是一个正在开垦的“甜蜜金矿”。

三、喜宴市场的用酒特性分析

喜宴市场份额如此巨大，它被什么品牌、什么类型的白酒占据了？我们从五个维度分析喜宴用酒的特性。

（1）品牌酒。主要为区域强势品牌、地方强势品牌、畅销品牌、市场主导产品，这里的品牌酒是指在当地有影响力的酒，即使是杂牌酒也是品牌酒，如果没有影响力，即使是名酒也是杂牌酒。

（2）面子酒。主要为畅销名酒的主导产品，畅销名酒的子品牌酒。

（3）流行酒。其特点是产品畅销、流行，消费氛围浓厚，是不是品牌不重要，市场基础不错，具备喜庆色彩。

（4）推广酒。这类产品正在大力推广，广告多，活动多，一般是新品牌或新产品，采取小区域突破方式。

（5）个性酒。分为个人定制酒和婚庆专用酒。

四、消费者喜宴用酒背后的逻辑

研究发现，性价比、喜好、面子是影响消费者购买或选择意愿的三大关键要素。这三大关键要素决定着喜宴用酒选择的两大本质。

（1）品牌性，即消费者一般会选择当地主流品牌的流行产品，这样既有面子又有安全感。

（2）实惠性，要让消费者感觉物有所值、物超所值。

当产品成为当地市场的流行、畅销产品时，还要有一定的促销活动，才能有机会在喜宴市场获得主导地位、获得更大的市场份额。

五、做好喜宴市场的3大拦截

一个品牌或产品想在喜宴市场的运作上有所作为，必须考虑如何从购买者、购买终端、消费终端三大层面进行拦截。

（一）购买者拦截

购买者拦截最有力的武器就是促销，比的是力度与创意性、服务性。常见的促销形式如下。

（1）免费赠送：把中高端人群的喜庆市场做成产品的品鉴会。

（2）买酒折现：如剑南春针对湖北宴席市场，推出买酒折现抵扣方式，凡是宴席用酒2件以上，每瓶直接抵扣40元现金，当场返给消费者。

（3）满几瓶送1瓶：如金剑南K6，每2瓶让利1瓶，消费者在终端店最低购买一件，即可享受每2瓶让利1瓶的抵用券，可以在下次消费本品时抵扣1瓶。

（4）买酒送旅游：区域地产强势品牌酒，消费者培育在当地做得很到位，针对宴席市场推出一次性购买8件以上，赠送两人双飞4日港澳游活动。

（5）买酒赠送指定酒店宴席消费金额折扣：如某地产酒品牌，联合当地比较知名的酒店，推出凡宴席购买本品牌酒水并到合作酒店举办宴席均可享受消费总金额10%的优惠。

（6）一桌赠送1瓶光瓶酒（购买量不得低于赠送量）：一桌赠1瓶光瓶品鉴酒，部分酒厂赠盒装本品。

（7）买一赠一：1瓶盒装酒赠送1瓶光瓶酒。比如，山东一家龙头企业在主导产品导入期，大胆采用宴席“买一赠一”的形式，取得了较好的市场效果。

（8）买酒赠送一桌式烟酒饮料等：习酒的宴席政策是“1瓶五星习酒+1包烟+2瓶啤酒+2瓶饮料+1包纸巾”，终端推介成功后，联系经销商业务人员确认宴席时间和地点，现场赠送，终端老板享受每瓶几十元的返利。

（9）宴席买酒送服务：主要是消费者买酒赠送一些宴席的软性服务，包括婚车、拱门、气球、礼仪小姐、司仪、请帖等。目前在广东、江西和福建等市场运用得较多。

（10）买赠+个性化服务：除基本的买赠活动外，另外增加对消费者的祝福语，如将新人、寿星或全家福的照片印在酒瓶上等个性化服务。

（11）宴席买酒赠送个性化产品：主要指消费者宴席买酒赠送纪念礼品或个性化礼品，目前业内运作较好的是赠送大坛酒。如三井十里香宴席消费者购买10箱以上产品，凭宴席相关证明赠送一坛5斤红色花开富贵酒。采购产品价位较高，可依据宴席举办人需求定制大坛酒，印制宴席消费者的贺词等。

（二）购买终端拦截

消费者买酒尤其是批量采购，喜欢到熟悉的终端购买，原因是容易让利，有质量保证。所以，终端拦截起关键作用。终端拦截的关键在于终端推荐，终端推荐的积极性又源于终端对本产品的销售动力与销售信心。

动力源于利润，利润源于活动政策与形式。

金六福在黄金网点、执行终端推介一场宴席奖励2瓶宴席用酒给终端老板，提高终端老板的利润，鼓励其推介本品。

五粮醇在终端烟酒行举办有奖活动，成功推荐一单就奖励200元，并按消费者的桌数进行奖励，无论实际销售多少产品，每桌奖励推荐人10元，照常赚取产品销售的差价。

黄山头酒业针对湖北宴席市场，在新产品上市阶段，推出终端店主每成功接单5件以上，直接给予200元的现金奖励的活动，极大地调动了终端店主对产品的推介动力。

信心源于成功推荐。虽然许多新产品的婚庆政策力度比较大，但终端老板没有信心推荐，这时，销售人员要协助店老板成功推荐几单，增强店老板的推荐信心。

（三）消费终端拦截

80%的宴席会在20%的酒店进行，所以，找到20%的酒店，与这些酒店签订联盟协议，形成宴席酒店联盟体。酒店作为宴席消费场所，对消费者培育、产品推广起着重要作用。

一是联合酒店促销。醉三秋酒在阜阳针对大酒店开展喜庆消费单桌满688元、988元、1280元送不同档次的醉三秋产品，消费者不需要花一分钱，酒店通过合作为消费者提供了增值服务。即使酒店不免费提供酒水，消费者也会自带酒水，而酒厂开展了有规模的产品品鉴会且不用邀请人，更不用付菜钱，三方皆大欢喜。

二是买断酒店或桌数。对于宴席型的酒店，与酒店签订买断宴席桌数，只要有宴席活动，酒店立刻告知信息，并找理由大力推荐其产品。双沟在江苏市场给酒店10万元，买断酒店3000桌宴席，只要有婚宴、升学宴等，酒店就告知双沟企业有品鉴会，最后以使用双沟酒达成交易。

三是获取酒店信息。通过与酒店的良好关系找到消费者订餐的信息，或者依靠利益引导从酒店拿到信息。这种订餐信息都掌握在大堂经理或营销部经理手里，直接面对消费者进行推销和介绍厂家婚庆政策。

六、喜宴的3类操办形式

（一）酒店包席

城镇婚礼最常见。关键词：品牌、价格、流行。客户提前几个月到酒店订餐，那时，还没有确定用什么酒。但是客户在酒店订餐时会留下资料，可以通过对酒店老板、大堂经理或服务员的公关得到客户的信息，根据客户资料进行公关，或者与饭店合作开展针对客户的促销活动。

（二）自办酒席

城乡接合处、乡村市场最常见。关键词：利益、口碑、习惯，基本属于中低档消费。

自办型客户需要公关核心人物的影响，一般自办型的婚宴都有核心的红白理事会成员或村干部，要抓住这些核心人物，后期加以跟踪，基本上可以锁定当地的婚宴渠道。

（三）外包婚庆

婚礼策划、流程设计、场地设计、活动开展等。

七、喜宴市场的具体运作核心7步

喜宴市场运作看似简单，其实是一个系统工程，掌握喜宴市场运作七大核心步骤，并做精、做细，找到窍门与规律很关键。在这里，我们以婚庆为例进行详细解析。

（一）信息的搜集

信息搜集的来源主要有酒店、烟酒店、批发部、民政部门、婚纱影楼、婚庆公司、喜糖铺子、乡镇帮办、核心人物等，要区别对待信息来源渠道。

一是要精准定位核心终端店和二级批发商，给他们留足利润空间，市场就不会出现乱价、砸价的现象，同时，这些客户也会将婚宴酒作为自己的利润型产品积极推荐和操作。

二是聘请民政局的主要登记负责人为品牌婚庆顾问，每月发放固定的工资，或者根据推荐产品的多少给予提成。另外，在登记现场摆放自己的婚宴产品、相应的宣传品、政策单，便于婚宴客户信息的收集和产品推介，提高产品交易的成功率。

三是婚纱影楼联合促销。在婚纱影楼悬挂××婚庆用酒指定专卖点标识，摆放品尝酒及产品陈列，联合促销政策宣传品（婚宴用××酒达到××，在本店拍婚纱照可享受××折优惠，在本店拍婚纱照，购买××婚宴酒可享受××折优惠，企业补足差额，或婚庆公司成功介绍酒婚宴，并给予奖励）。

四是红白理事会成员或村干部主导的婚宴，要抓住这些核心人物。聘请他们为婚庆顾问，每月给予品鉴用酒，根据销售额给予提成。

五是抓住酒店核心负责人，获取信息，如老板、大堂经理、营销经理，给予信息提供费，仅仅提供但没成交为20元，成交为100元。

此外，还应该建立消费者相关的信息登记表（如表4－5所示），进行后续跟踪工作。

表4－5　信息登记表

姓名		电话		信息来源	
结婚日期		地址			
酒店地址			婚庆公司		
购买意向评估					
购买数量		金额		政策	
后续跟踪					
资料完善	（生日、家庭成员、纪念日、小孩满月等）				
业务人员姓名			日期		

（二）婚庆宣传形式

一是媒体推广。如电视、楼宇电视、海报、LED字幕、报纸软硬广告、社区广告位、海报位、公告栏、温馨告示牌等；网络推广，选择地方门户网站和知名专业网站进行组合传播、挂牌广告，或在论坛开设婚庆bbs讨论，微博、微信等。表现内容主要以广告语、画面、视频、煽情文字为主（如幸福时刻，我有淡雅）。

二是事件推广。如策划、参与当地大型婚庆活动，开展事件营销和新闻炒作，“万人相亲会”、“集体婚礼”等。

三是物料推广。如海报、KT板、条幅、易拉宝，以促销信息为主。

（三）婚庆活动宣传内容或价值

一是促销主题式。

这类方式常年举办统一的主题性促销活动，易于宣传、传播。如赊店老酒开展的“过龙年、娶龙妻、生龙仔，赊店老酒隆礼大放送”活动，在一定时间内，消费某些产品，每桌赠1瓶酒。洋河蓝色经典更是在全国广大的宴席市场长期坚持做每桌赠1瓶酒的活动，取得了非常好的效果。

二是品鉴体验式。

利用婚庆体验产品，重在推广、品鉴，而非销售。可以将政商名流的宴席当作品鉴会来做，对于政商名流举办的宴席，给予特殊的政策，进行精心的氛围营造，使之成为宣传的窗口。可以给予免费赠酒，或旅游、礼品等促销政策，根据具体情况而定，提供现场开酒服务等。

三是品牌用途式。

宴席市场推广如果有一个好的推广主题将会事半功倍。好的推广主题要贴合品牌核心价值，引起消费者共鸣，简单易记，朗朗上口，易于传播。比如，“人生喜乐事，精品老郎酒”，喜乐事涵盖了婚宴、喜宴、朋友聚餐等宴席，符合场景消费心理。金六福的“我有喜事，金六福酒”、“幸福时刻，金六福酒”等。

（四）品牌宣传渠道

婚宴市场宣传七大宣传渠道如表4－6所示。

表4－6 婚宴市场宣传七大宣传渠道

序号	渠道或接触点	推广形式
1	酒店	宴会型酒店放置易拉宝，亦可在酒店订餐时选择在原套餐基础上加××元，酒店赠送白酒、香烟等礼品。可以考虑把酒店发展成专门的婚喜宴产品分销商，坎级奖励
2	烟酒店、超市、零售店	直接放置易拉宝或张贴海报告知促销信息，LED字幕、KT板

续表

序号	渠道或接触点	推广形式
3	民政部门、街道办事处	与结婚登记或相关的机构（婚姻介绍所、街道办事处、民政局结婚登记处等）合作，放置宣传资料（X 展架、单张、宣传册、贺卡、领酒卡，凭相关证件到指定地点领酒），有条件的还可以进行产品陈列；登记好日子，直接派人在民政部门送酒、送卡、发促销单等
4	婚纱摄影	在婚纱摄影店张贴促销信息，还可以和该行业进行联合促销，利用折扣券、旅游、赠送婚车等促销形式，这类促销活动贯穿整个婚礼流程。买多少酒赠送多少婚纱摄影折扣券；在婚纱摄影店选择什么样的套餐可以得到多少金额的折扣券；也可以抽奖参加甜蜜之旅
5	婚庆公司	产品陈列、促销海报、X 展架
6	婚礼现场	现场布置、氛围营造为主，拱门、气球、易拉宝、指示牌等
7	特殊渠道：相亲大会、集团婚庆	物料、拱门、气球、条幅、展架、DM 单、易拉宝、堆头

（五）渠道建设

将核心喜宴渠道的核心客户发展成婚喜宴分销商或成为联营体，享受分销商的待遇和政策，如表 4－7 所示。

表 4－7　渠道建设表

序号	渠道类型	选择标准	建设指标	备注
1	名烟名酒店	生意较好，白酒销售以婚喜宴为主，终端老板人际关系较好，地点最好在小区门口或小区内，乡镇市场一般选择最大的商超	地级市选择 5～10 家；县级市选择 3～5 家；乡镇市场选择 1～2 家	发展成为团购分销商

续表

序号	渠道类型	选择标准	建设指标	备注
2	酒店	有条件举办婚喜宴的酒店	地级市场选择3～5家；县级市场选择1～2家	发展成为团购分销商
3	婚纱影楼	大型婚纱影楼或全国性连锁店，店长有意向合作	地级市场选择3～5家；县级市场选择1～2家	可成立虚拟团购分销商
4	婚庆公司	大型婚庆公司或全国连锁店，店长有意向合作	地级市场选择3～5家；县级市场选择1～2家	可成立虚拟团购分销商
5	喜铺	大型喜铺或连锁喜铺	地级市场选择3～5家；县级市场选择1～2家	可成立虚拟团购分销商

另外，还要发展婚喜宴经纪人：选择有婚喜宴推荐能力的人成为婚庆喜宴经纪人，给予一定的奖励。

如何选择婚喜宴经纪人具体如表4－8所示：

表4－8 如何选择婚喜宴经纪人

选择标准	选择对象	开发指标
(1) 在所在单位有一定影响力，能够处理好各方面的人际关系，通过个人影响带动整个单位消费本产品 (2) 有一定的社会资源，可以通过他们使产品面向目标客户 (3) 积极配合对接人员工作 (4) 具备较高的个人素养 (5) 村主任、红白喜事总管、乡村老师、医生等在乡镇市场有一点威望的人	(1) 酒店经理主管、服务员、烟酒店老板 (2) 婚纱店负责人、婚庆司仪 (3) 村主任、老师或有一定声望的人 (4) 红白喜事总管 (5) 有一定影响力的意见领袖，如长辈、人缘较好的老人	地级及以上市场发展50～100名；县级市场发展30～50名；每个乡镇市场发展10～20名

（六）喜宴政策制订

喜宴政策制订具体如表4－9所示：

表4－9　制订喜宴政策

促销策略	主要内容
促销方式	（1）终端老板/婚喜宴联营体：介绍费奖励、累计奖励、二次兑奖，与销量挂钩，捆绑销售，联合促销等 （2）婚喜宴经济人：提成，一次一清；日常客情表示；不定期模糊奖励 （3）消费者（新郎/新娘，参加婚礼的人）：买赠、刮刮奖、捆绑销售、赠送纪念品
促销主题	（1）根据过程制订喜宴的主题：相亲、求婚、订婚、结婚、生子、纪念日 （2）根据类型制订主题：婚宴、升学宴、寿宴、乔迁等 （3）根据节日制订主题：五一、七夕、十一、春节、父亲节、母亲节、情人节、圣诞节等 （4）根据销售对象制订主题：终端、中间人、消费者等
促销政策	（1）针对消费者：买赠为主，赠酒、赠烟、赠饮品、赠旅游、赠优惠券（婚纱影楼、酒店、超市）、送花车、送灯笼、彩虹门、赠其他消费品，坎级奖、刮刮奖，惊喜再抽奖 （2）针对中间人（终端/婚喜宴经纪人）：每介绍一家婚喜宴用酒奖励现金××元，累计达到多少家再赠××元，也可以以酒兑付；为提高终端老板的积极性，可以二次兑奖
促销品	根据当地消费习惯、偏好选择促销品，总原则是不易变现，溢价能力高、实用、新颖、有吸引力 （1）针对终端老板：不易变现的促销品，如家电、旅游等，也可直接赠酒，但最好不是本品 （2）婚喜宴经纪人：实用、新颖的生活用品 （3）喜宴当事人：有纪念意义的纪念品 参加喜宴的人：实用、有特色、新颖，如充电宝、雨伞、卡套等

（七）服务跟踪

一是数据库建立与跟踪服务。

分级储存：对核心消费者和终端数据进行分级管理储存，以便管理和服务。

二次销售服务：对核心消费者进行活动效果回访、生日问候、寄送节日卡片、短信问候、发送手机报、通知促销活动信息等，争取其家庭成员的生日宴、小孩满月、结婚纪念日等后续的销售机会。

公关活动：不定期分类选择开展核心消费者联谊活动，就消费者关心的话题邀请专家交流等。

会员服务：在条件成熟和公司IT系统支持的前提下，建立核心消费者的会员服务制度，实行总部联网统管的电商平台销售、积分奖励和折扣服务等。

二是喜宴现场服务。

提供当天免费送酒上门服务。

根据购买数量提供布置会场、搭建彩门、气球彩带等服务。

根据促销政策可提供摄影、司仪、相册、促销小礼品等增值服务。

三是费用审核要求。

活动政策是否落实到位，办事处坚持督导服务到婚庆现场，杜绝政策截留、变现、低价窜货、扰乱市场秩序行为。

提供备存顾客身份证、结婚证等有效证件复印件。

公司督查部例行对婚喜宴活动进行现场督察、电话复核抽查。

四是制订婚庆喜宴质化考核指标。

根据婚庆喜宴的关键动作制订质化考核指标，作为当月的重点工作，并与业务人员的绩效挂钩，如表4－10所示。

表4-10　婚庆喜宴质化考核指标

考核指标	考核标准	分值	实际得分
发展婚喜宴经济人的数量	完成率≥80%，得5分；80%＜完成率≤50%，完成率×5%；完成率＜50%，得0分，超额完成最多加3分	5	
建设婚喜宴联盟体的数量	完成率≥80%，得5分；80%＜完成率≤50%，完成率×5%；完成率＜50%，得0分，超额完成最多加3分	5	
所报终端数量	完成率≥80%，得5分；80%＜完成率≤50%，完成率×5%；完成率＜50%，得0分，超额完成最多加3分	5	
终端生动化	参与婚喜宴促销活动的终端，生动化陈列至少符合3项陈列要求，每缺少1项扣0.5分，扣完为止	5	
终端宣传物料	参与婚庆促销活动的终端至少有2种以上的宣传物料，每缺少1种扣0.5分，扣完为止	5	

八、宴席市场的定制酒营销

宴席市场定制营销进一步细分市场，追求个性化营销、追求产品差异化，满足消费者品质、品位、价值的要求。

宴席市场定制是针对特殊事件、特殊日子、特殊活动举办会议或招待活动而定制的酒，如婚宴、寿宴、满月酒、开业酒、庆典酒、乔迁酒、会议指定酒、活动指定酒等。

定制营销可以为客户提供“一对一”的高品质定制服务，将个人或企业所需的名称、徽标、广告语、祝福语等个性元素融入酒瓶与包装，体现专属之尊荣，极具纪念意义与珍藏价值。

第5章

玩转促销

5.1 根据产品生命周期促销

如今，白酒竞争日益激烈。白酒企业要从不同的视角审视白酒促销，从商业、渠道、品牌三个层面设计商业模式，还要考虑促销的长期性、连贯性和系统性。

产品生命周期主要分为导入期、成长期、成熟期、衰退期。导入期的营销核心工作是提高产品铺货率，成长期的核心营销工作是提高产品占有率、扩大产品销量，成熟期的核心营销工作是应对对手、维护品牌地位，衰退期的核心营销工作是解决各渠道利益问题。不同阶段，企业需要制订不同的促销策略。

一、导入期：提高产品目标铺货率

白酒品牌推广成败和提高销量的重要指标是铺货率，在产品上市阶段，一定的铺货率对产品推广、广告配合、稳定市场等有关键作用。为确保铺货率目标的实现，企业需要按计划组建、扩大或调整分销网络和终端网络。

提高现有分销商区域内铺货率：分析分销商优劣势及核心利益点，采取合适的终端促销方式和手段，在规定的时间内完成铺货任务给予相应的奖励等。

争取竞品的分销网络和终端：分析竞品的渠道政策和售后服务、竞品与分销商及终端商关系，用优于竞品的促销政策和服务争取竞品的分销商，这是企业打击竞品、抢占市场的主要方式之一。

提高现有分销商的分销能力：一方面，对市场和渠道开展全面的促销宣传；另一方面，增加人员和车辆协助分销商开拓市场，可成立突击队，在短时间内提高铺货率。

开发新市场、提升铺货率：对新市场增加人力并广泛开展产品告知与宣传活动。举办产品上市发布会、品鉴会等向经销商和分销商推广产品，利用优越的促销政策促使经销商和分销商尝试销售。

提高销售人员工作质量和终端铺货率：举行铺货竞赛，设定当天铺货家数及超额部分奖励；设置奖励金额，最好当天结算，提高销售人员铺货的积极性。

提高铺货率有两种方法：一是单一促销策略，如皮箱兑换、终端陈列奖励、终端铺货奖励、零售店限量奖励；二是促销组合策略，将单一促销方法组合在一起，如“零售店限量奖励＋终端铺货奖励＋终端陈列奖励＋皮箱奖励”。

二、认知期：激发渠道与消费者的欲望

新产品刚刚上市，渠道与消费者认知度较低，企业如何快速解决各渠道进货问题？如何快速刺激消费者的积极性及购买欲望？除了必要的宣传外，还需要有效的促销活动增强渠道的推力和消费者的拉力。同时，处理好新老产品的关系也很重要。

在规定的时间内，激励和施压双管齐下，使经销商进货；或者厂家为经销商承担上市品鉴会及终端费用。

组织分销商品鉴会，组织分销商到厂参观，签订返利协议，提高分销商利润。

采取终端进货奖励，或者进畅销老产品送新产品。

设置开箱有奖、开盒有奖、开瓶有奖活动，提高终端进货积极性。

建立销售人员奖金制度，利用高提成提高销售人员推广新产品的积极性。当原有产品在商场上仍有销路时，可低调处理老产品，老产品销售政策不变；加强新产品宣传和促销力度，使新老产品在市场上形成组合，更好地满足消费者的不同需求。

尽可能利用现有渠道销售，这样可以降低新产品的市场开发费用；根

据新老产品在市场上的同期销售比例指定相应的返点政策，可以延长老产品的销售周期，加快新老产品的更替速度。

三、成长期：扩大产品销量

市场达到一定的铺货率后，企业的主要目标是提高市场占有率。此时，促销目标已经转为扩大销量，即增加经销商和终端的订货量，以获取企业预期的利润。此阶段一般有以下几种促销策略。

（1）刺激现有分销商和终端进货：可以采取促销竞赛、高额奖励、组合奖励、赠送旅游、实物奖励，遵循时机、形式新颖、力度和组合的原则。

（2）开发新分销商：以促销及合理价格吸引分销商加入，但不要过度开发，用分渠道的方式区隔分销商，促销政策灵活，既能维护老分销商，又能吸引新分销商。

（3）寻找新渠道增加销售额。

四、成熟期：应对对手竞争

白酒产品成熟期的主要战略是主动出击，使成熟期延长，或使产品生命周期再循环，其整体营销策略是维护品牌地位、掌握市场，根据对手的动作制订相应的促销政策。

首先，当对手所占份额较大、对渠道乃至整个市场影响较大时，企业应主动改变目前的销售政策；相反，当对手所占份额较少、对渠道和市场影响较小时，企业应保持现有政策不变。

其次，当对手市场占有率增加时，企业应采取相应的行动，既要分析竞品快速增长的原因，又要根据自身状况制订新的渠道促销计划和渠道促销政策。

最后，当对手销量激增时，应分析竞品销量激增的原因，在不影响企业长期发展的情况下，可制订某些渠道促销政策、选择一定的方式促进销售。

五、衰退期：提高渠道利润

白酒在衰退期的主要战略目标是通过认真的分析、研究，采用相应的策略延长产品的生命周期。

随着产品进入衰退期，产品的价格和渠道利润已经透明，这时渠道成员不愿意销售该产品，甚至藏起来不卖。而新产品还没有完全替代老产品占领市场，为了延长老产品的生命周期，使新产品从导入期到成长期平稳过渡，需要设计渠道促销策略增强推力。常见的促销策略有堆箱奖励、吧台陈列奖励、分销商返利奖励、提高经销商返利等，常见的组合促销策略是“经销商返利＋分销商返利＋终端陈列奖励”。

对白酒企业来说，应对各种产品的市场表现进行分析、研究，正确判断其在生命周期中的位置，淘汰老产品，开发新产品，使新老产品的交替形成两个合理的梯队结构。在生命周期的不同阶段，应采用有针对性的市场营销策略，保证产品在整个生命周期中利益最大化。

5.2　淡旺季促销

白酒企业只有掌握白酒季节变化规律，才能把握各个季节的核心营销工作，才能确定相应的核心促销动作。

一、旺季进入淡季（3月至5月）

每年春节结束，白酒就从旺季进入淡季。很多白酒企业也不会放任市场，而是好好地把握淡季前和淡季中的时机经营市场。越来越多的白酒企业从3月就陆续实施市场动作，这一阶段的所有促销、新产品都是围绕压货、提升销量、提升品牌影响力、扩大市场份额进行的。这一阶段的促销工作可以从以下几个方面开展。

第一，调整畅销产品促销策略，针对分销商、终端制订相应的促销策略，如“买赠活动 + 旅游活动”。

第二，做好分销商筛选及分销商签订协议工作，终端生动化建设，终端广告、宣传物料投放工作。

第三，做好酒店消费者及商超渠道消费拉动工作。酒店可以举办“喝一送一”、免费送小瓶酒等活动，商超渠道可举办购酒送牛奶、购物卡等活动，婚庆市场可举办购酒送饮料、婚纱照、旅游、组织集体婚礼等活动。

第四，梳理产品，做好产品研发，不适合公司发展或滞销的产品应及时淘汰，并根据市场需求及公司战略需要开发长线产品。

第五，很多经销商会在此时推出产品，是厂家招商的好季节。

二、淡季（6月至8月）

淡季做市场，旺季求销量。旺季主要是卖货，淡季是稳扎稳打做市场的好时机。通常来说，淡季促销主要有三项工作：淡季促销、消费者促销和硬、软终端建设。

渠道促销：做好终端铺货及新产品推广、核心单位及核心消费群公关工作，邀请终端到酒厂参观。

消费者促销：免费品尝、社会宣传推广活动、买赠活动、消费者主题促销（再来一瓶、笔记本电脑或液晶电视、清凉一夏），积极参加或举办各种公关、公益活动。

硬终端建设：在售卖场所让消费者看到各种形式的促销宣传物料，比如，展示柜、货架、POP、易拉宝、条幅、台卡、镜框画等，货架生动化陈列，做好核心店系统化建设及宣传包装工作。

软终端建设：构建牢固的厂商关系、维护终端客情关系、提高人员素质、提高品牌美誉度、提升产品形象等。

三、旺季（9 月至次年 2 月）

旺季营销关键在于快速抢占终端。正所谓“渠道为王，终端制胜”，需要对市场精耕细作、对渠道充分挖掘和培育、对消费者制造热点，转换促销受益对象，抢占消费者心智，在产品组合上有所创新。

第一，渠道创新，善于抓住市场重心。如果产品主要定位在三四线市场，那么，应该将重点放在乡镇的批发部、零售商店；如果产品主要定位在中等城市，那么，应该将重点放在超市、商场、酒店、大排档、社区便利店等。

第二，精耕市场。商超渠道要做好终端生动化建设、大堆头建设及导购员派驻工作；酒店要做好服务员、吧台、大堂经理的公关工作，做好二次兑奖及联谊活动，派驻强势促销员；流通渠道要加强终端客户、社区类市场的开发工作，做好“两节”订货会，低档酒可以将产品订货会开到乡镇市场；团购渠道要分单位、分系统进行公关，将核心单位领导人发展成公司 VIP 会员，成为公司的销售顾问。

第三，抓住宴请活动。在旺季举办多种宴请活动，如婚宴、生日宴、年终庆祝、节日聚会年会，并适当开发专用的招待用酒。

第四，巧妙促销，抢占消费者。

流通及商超：在盒内促销的基础上搭配外部促销。

祥和种子酒平时是四个“来一瓶”半斤装，在节日购一件（1×4）祥和种子酒送一件（1×4 半斤装）祥和种子酒，市场反响很好。

促销受益对象发生改变：平时盒内投放香烟，旺季针对消费者的小孩、妻子、父母等投放礼品。

核心消费人群促销：赠送优惠卡、贵宾卡，不定期进行宴请，开展一桌式品鉴会，组织老乡会、茶话会、联谊会等。

第五，多种形式的产品组合。

在产品组合方面，选择小包装、礼品装、优惠包装、套装等，打组合礼品牌，通过改进和创新包装吸引消费者。

在价格组合方面，可采取批量折扣、阶段性优惠促销价格、搭赠同类产品变相降价、搭赠异类产品变相降价、累计消费积分等方式进行促销。

在品牌推广上，要在相关媒体，包括网络、电视、报纸、杂志、广播等方面实施全方位营销传播，树立产品、品牌和企业形象。

第六，加强企业内部管理，包括加强企业内部培训、提高公司执行力、对市场进行全方位的跟踪和核验、拓展和维系客户关系等。

弱势品牌由于资本、资源限制，无力在品牌塑造、消费者教育等方面进行大手笔的投入，他们往往聚焦企业资源，将有限的资金集中到渠道，通过渠道推力推动市场，激活商业资源与商业品牌，企业赚取利润、积累资本后再大力做消费者促销与品牌推广工作。即使是强势品牌，渠道作用对企业发展也是至关重要的，渠道一旦出现问题，企业发展势必会受到阻碍，这是中国企业发展的规律，更是中国酒企发展的规律。

抢占客户库房、扩大客户库存、对竞品进行分销堵截成了产品上市推广及打击对手的常规手段，提高客户经销热情、推广重心转移到自身品牌上，成为分销的竞争热点。

5.3 渠道促销21式

在白酒营销中，产品销售仿佛是不促不销。如果产品不促销，渠道或终端就不会主动进货；如果产品不促销，渠道或终端就不会主推你的产品；如果产品不促销，渠道或终端忠诚度就会降低；如果产品不促销，市场份额就会被竞争对手抢走。企业不得不在促销上下功夫，扩大市场份额，促进销售业绩增长。

一、本品买赠

这是最基本的促销手段，如本品采取十赠一、八赠一、五赠一等方式。产品动销力越弱，促销力度就越大。

本品促销一般是厂家针对非畅销但主推的产品采取的一种压货方式，促使终端进货。在现实中，终端的进货数量往往成为厂家推广产品的主要考核指标。

这种促销手段单一、容易折价，一旦终端动销慢，就容易出现低价甩货的行为，扰乱产品价格体系，缩短产品生命周期。

采取这种手段的前提是产品有强大的推广支持力度，保证终端的分流速度，同时严格把控终端，对于终端售点根据促销明细表进行套数限制，避免将产品直接“促死”。

二、产品搭赠

产品搭赠一般采取畅销产品搭赠滞销产品，或畅销品搭赠新产品，主要目的是在不影响畅销产品销售的同时，保证滞销品或新产品被终端网点接受，减少终端铺货的难度，同时促进终端对新产品或滞销品的推广。

这种情况一般是畅销产品消费者自点费非常高，品牌在当地的影响力很高，否则终端不会接受滞销产品或新产品，给自己增加进货的压力或销售压力的。

三、产品组合促销

产品组合促销一般是市场需求与企业目的相结合的促销形式。

某市场白酒大众主流的消费价位基本上聚焦在30元、60元、80元价格带。企业30元价位的产品相对强势，市场需求量大，但企业现在想升级价格带和品牌，又不能因为价格带升级而影响产品销量，所以，采取30元品项占分销比50%，60元品项占分销比30%，80元品项占分销比20%。

30元品项不会给厂家带来更多的毛利点，但可以产生销量、打击竞品，60元、80元品项才是企业的推广重点。

四、实物赠送

频繁的产品促销容易使终端感到乏味，厂家在保证渠道促销空间的基础上适当地改变了促销方式。比如，买2件新产品赠送一条空调被，或一次性进10件货送一部手机，或累计销售达到一定数量赠一辆三轮车。在实际操作中，赠大米、色拉油等日用消费品，终端相对容易接受。但终端也容易把赠品折算到价格利润中，导致产品价格降低。

五、现金返还

现金返还是最吸引终端的促销手段，一般采取一次性进5件货，在现有货款上返还100元现金。这种促销不宜用在单品组合促销上，否则会导致部分终端直接降低价格，影响产品的销量。

促销在于进一步扩大销量，最终使利润最大化。这种促销手段只能作为一种即时性的打击手段，不能频繁使用。否则，将引起终端对其他促销手段的反感，任何促销手段都不如现钱来得快，以免为以后的促销设置障碍。

六、“现金+实物”的奖励

产品的动销性不强时，直接用实物奖励，终端接货的积极性不高；直接用现金奖励，犹如降价销售，容易降低产品的零售价格。出于两个层面的考虑，许多企业采取“现金+实物”的奖励方式进行渠道促销，不过在现金兑现时给一个说法或理由。比如，一次性进货20件，进货价为240元/件，给予1200元的促销人员工资或房租支持与4件本品搭赠促销，提高终端客户接货的积极性。

七、回收箱皮

为了进一步扩大销售，有的厂家采取现金回收空箱的激励手段，提高终端推销的积极性。产品比较畅销，但终端利润相对较低，为避免挫伤终端销售的积极性，采取现金回收箱皮的手段。在新产品上市阶段，新产品的利润空间不大，不能提高终端推销的积极性，通过回收空箱的办法增加终端客户的利润点，提高客户主推的积极性。随着产品逐渐被消费者接受，逐步降低回收空箱的力度。

八、产品陈列奖励

为了充分展示产品形象，增加顾客购买机会，抢夺产品陈列排面已经成为众品牌争相竞争的焦点。一般表现为争夺黄金位置排面，争夺更多的集中陈列面，若终端能够按照厂家陈列要求陈列，厂家按月给予300～800元的陈列奖励（现金或实物，现金优势更大）。终端市场人员抽查，违反陈列规定的终端可能被取消当月奖励。

有的厂家会将陈列奖励与销量挂钩，设定陈列和销量双指标进行坎级奖励。比如，基本陈列费为300元/月，如果在规定时期内完成规定的销售额，每月陈列费再额外增加200元，如果目标更高，给予的额外陈列费也会更高。

有的企业在新产品上市时把陈列费用加到销售政策中，解决终端接货难与陈列面难找的问题。比如，一次性进货1万元，返6000元现金作为全年陈列费，按月返还，并且第一个月的陈列费在本次进货时予以兑现。

九、生动化支持

许多企业为充分宣传品牌、充分传达促销信息，对终端进行店招/门头制作（一般是形象比较好，白酒销量比较大的终端），进行酒柜、柜眉、店内KT板、pop、灯箱、海报、灯笼、价格签、店内外堆箱展示等，进行年度买断生动化陈列或阶段性的生动化陈列，只要符合公司标准，就给予一定金额的奖励。

十、专职促销人员

设专职促销人员，在终端店直接向目标消费群宣传、推介产品，推广品牌等。关键是设计专业说辞与产品卖点、品牌推广的说辞，以及培养促销人员推销技能与临场应变的能力。餐饮店配置促销人员比较常见，流通网点一般根据客户需要或根据厂家战略做出设置。

十一、大户费用支持

在白酒竞争中，许多白酒企业针对白酒销售大户，在制订双方合作标准的情况下，给予促销人员支持和房租费用、水电费用、人员工资等方面的支持，根据终端销售任务的台阶标准和任务的完成情况，给予不同比例的支持，充分调动终端销售与配合的积极性。

十二、产品包量奖励

区域内终端网点销售能力不同，销售结果的差异性很大。为了增加优秀客户的利润点，调动其主推、销售的积极性，同时也刺激其他客户，提高自身的销售水平，通过常规政策支持与包量任务完成的台阶奖励，以及超额完成时的模糊奖励刺激与维护终端网点销售的积极性、规范性。在厂家要求销量最大化的今天，能实施这种规范化的操作的厂家多是区域市场的强势品牌。

十三、累计销售奖励

为了保证产品销售的强力势头，解决客户一次性进货压力的问题，在一定时间内，对客户设定了产品销售的累计奖励制度。比如，产品销售累计达到一定金额，给予一定点数的奖励，直接计入下次进货的货款奖励或奖励同等价值的产品；达不到的不享受奖励；如果超额完成，则享受更高的点数奖励。

十四、任务完成率奖励

根据销售任务的完成情况进行激励，是厂家为了鼓励终端积极推销自己的产品而设立的，是在规定时间内完成任务的价格补贴。一般在事前约定好：一是规定了销货时间，二是规定了应销售的货品量，三是规定了不同情况下给予的奖励幅度。在最短的时间内销售最多的货物，任务完成得越好，奖励就越大，反之则越小，甚至没有奖励。

十五、销售排名奖励

销售排名奖励一般分为两种形式：一是阶段性销售竞赛排名，二是年度销售排名。

阶段性销售竞赛排名是按销售排名奖励不同实物，如在一个月内销售排名前三名的客户，第一名获得一部高端智能手机、第二名获得一台洗衣机、第三名获得一个微波炉等。

年度销售排名是对优秀的销售客户，在年底除了正常的合同约定奖励外，另行奖励豪华旅游、豪华电器、现金等，对于贡献较大的客户，厂家甚至提供配送车辆供客户免费使用，厂家具有所有权，客户具有使用权。

销售排名的奖励办法导入了“赛马制”，在某种程度上演变成荣誉战，达到厂家向市场推广的真正目的。对于经销较好的客户还要有一定的控制手段，否则，客户的胃口变大，有大户压厂的倾向。

十六、返利组合奖励

为了掌控客户，防止产生销售风险，打击窜货，约束客户按相关协议条款履行义务，厂家推出了明返、暗返、过程返利、品类销售返利、整体销量返利等组合返利。

明返多指企业给予明确标准的奖励政策；暗返是指在奖励方面模糊，具体工作要求却很明确的一种奖励政策。

过程返利多指企业针对销售过程的种种细节设立各种奖励。比如，铺

货率、市场占有率、合理库存率、回款率、执行厂家价格政策的程度、配合厂家新产品推广与促销活动的力度等指标，都可以与厂家的返利政策挂钩。

品类销量返利就是厂家为了刺激渠道大力主推某个品类的产品而采取的一种激励方式。比如，渠道比较喜欢销售市场上畅销的品类，如果不想办法提高他们对其他品类产品的销售积极性，就有可能使其他产品表现的不尽如人意。

某酒厂给经销商的返利政策：完全执行企业的价格政策，返利2%；超额完成规定销量，返利3%；没有窜货行为，返利2%；积极配合厂家市场推广和促销计划，返利3%；完成铺货率，返利2%；等等。经销商心里很明白，只有与厂家合作才能获得最大利润。

在兑现返利政策时，多实物，少现金。实物方面的返利如生活用品、境外旅游，以及有助于渠道提高经营业绩的计算机、交通工具或培训学习等。

十七、销售季节奖励

销售季节激励是厂家为了刺激经销商或核心大客户在淡季囤积产品，帮助厂家抢占市场或抢占销量，避免竞争对手有机可乘。厂家在正常的促销政策外，再给予一定的淡季储货奖励，季节奖励的幅度根据季节转换决定。淡季奖励幅度比较大，在旺季到来时降低奖励幅度，刺激经销商与核心大户在淡季多压货。

十八、回款速度奖励

核心大户一般进货量大、销量大，但容易欠款，出现这种情况，除正常催款外，厂家在某个节点为提高客户能够主动、自觉回款的速度，出台某种回款速度政策。回款时间越短，得到的奖励越多。比如，在成交10天内现金付款，可给予3%的奖励；超过10天付款，除正常结算外，还要支付利息，这样可以促进终端回款。在家电行业，许多企业为了缓解资金压力，经常激励经销商预付货款，不仅给予高额奖励，还根据打款日期，给经销商高于银行计算的利息。

十九、付款方式奖励

付款方式奖励多指延期付款、分期付款、押批付款。客户先进货，厂家给予一定的授信度，延期向厂家付款，或分几期付款，或押批付款。这样可以照顾一些资金周转困难的商家，也促使更多的经销商与大客户积极进货和卖货。

二十、客户授牌奖励

对于销售实力非常强、销量比较大的经销商或终端客户，为了提高其对企业的忠诚度和荣誉感，不仅要给予物质奖励还要给予显性的荣誉奖励，如授予“××年度销售状元”、“××年市场开拓状元”、“××年度市场增长率状元”等称号。对客户而言，物质奖励和精神鼓励同样需要，授予这样的牌匾也是对客户的认可，也能刺激其他客户。把握客户互相攀比的心理，不失为一个好的激励手段。

二十一、平台提升奖励

许多厂家为了进一步与下游客户进行更深入的合作，给予客户一定的股份，增强客户主人翁意识，成为厂家一体化的联盟客户；或由二级批发商成为区域经销商；或由小区域经销商成为跨区域经销商等。

格力让经销商参股或控股共同成立销售公司，让经销商成为合伙人之一，形成厂商联盟体。衡水老白干配比一定的股份给客户，成立子女教育基金会等，形成厂商联销体，深度捆绑下游客户。

5.4 消费者促销20式

在白酒营销中，消费者促销是加速产品动销、旺销不可缺失的核心组成部分。高效的促销活动不仅能够增加销量，提升品牌影响力，还能引爆市场。

一、免费赠送

免费赠送不仅是回馈老顾客的手段，还是新产品推广建立消费基础的高效手段，有四个常见形式。

一是免费赠送小酒。主推缩小版产品，一般为125ml，小酒作为赠品或品鉴酒可以有计划、大幅度、大面积地赠送，以此扩大消费者覆盖面。

二是品鉴会赠送。大大小小的品鉴会是白酒营销最常见的消费者教育手段，针对核心消费群体的免费吃喝、免费赠送，甚至针对核心意见领袖特聘品鉴顾问持续免费赠送，赠的酒一般是主推产品。

三是在社区、广场、集市、庙会等推广活动中，举办免费品尝、免费赠送、买赠活动等。

四是联合终端销售网点，尤其是餐饮终端举办免费赠送活动，如用餐赠酒、限时赠酒、限桌赠酒（前几桌赠）等。

二、派发兑奖券

有的厂家为了促使消费者主动购买，或刺激消费者尝试消费本产品，会印制一批彩色的兑奖小票，说明活动的截止时间、活动产品、买赠方式、参与的售点，消费者凭小票就可以到终端活动售点参加“买一赠一”的活动，或免费获得两瓶赠送酒。厂家根据售点的小票的收集数量统一兑现。

需要注意的事项是，小票一定要加盖印章，控制流量，随发随印；针对终端的密集消费群集中发放；发放要选对发放点（居民社区、集会、庙会、商业门店等），保证发放效果；统计发放前和反馈后单点的数量，统计反馈率，以便于调整策略；活动时间不宜过长，以 15 天或 20 天为一个周期；及时兑现对活动售点的承诺。

三、报纸媒体促销

选择当地比较有影响力的报纸媒体宣传促销活动，让消费者在规定日期品尝本产品或者购买本产品。一般采取报纸剪角的方式，在活动报道的一角，附加活动的兑现剪角，消费者凭剪角就可到终端售点换得 1 瓶品尝酒或凭剪角享受打折或冲抵现金，刺激消费者消费或品尝本产品。厂家根据终端的剪角数量兑现，同时也可以检查报纸媒体促销的反馈率。

四、价格折扣

价格折扣是吸引消费者短期购买产品的重要手段，控制不好容易伤害产品价格。所以，价格折扣活动一般要联合相应终端网点共同操作，大面积、统一举办这类活动不仅增加了活动的难度，还容易导致价格混乱。

一是限时折扣。在某个时间节点折扣销售，如某餐饮店 6：30～7：30 消费某产品打 6 折；或某个规定时期内折扣销售，如 6 月 10 日至 20 日，消费某品牌酒享受 6 折优惠。

二是数量折扣，买 1 瓶全价、2 瓶 8 折、一箱 5 折等。

三是梯次折扣，第一瓶全价、第二瓶 6 折、第三瓶 4 折、第四瓶 3 折等。

五、买赠促销

买赠促销在消费者促销中是最常用的促销活动形式。

一是赠本品，也就是我们经常看到的“买一赠一”、“买二赠一”、集盖赠酒等。

四川泸州醇酒业发生过这样的事情：由于前期整体运作不到位，家乐福等大型商超渠道走货量很小，被迫清场。公司领导果断采取措施，在清场前开展“买一赠一（同类产品）”的活动。结果令厂家吃惊，产品迅速上量，甚至有一个老太太到商超点名要买“买一赠一”的酒。

二是赠礼品，消费者购买产品后赠送优惠券、赠日常生活用品、赠小酒、赠香烟、餐饮店的买酒赠菜，婚宴用酒买一定的数量送婚车、花轿、冰箱、彩电等，升学宴用酒赠手机、计算机、行李箱、机（火车）票等。

三是其他创意性的买赠活动。太白大手笔酒设计的“喝大手笔，玩高尔夫”的活动就很有意义。

安徽某酒业在合肥、蚌埠、六安等开展“天长地久，美酒赠挚友”大型促销活动。活动很有创意：只要您在酒店消费1瓶××酒，可以填一张卡片给很久没有联系的好朋友。我们将根据您填的地址，在一周内给您的朋友送1瓶××酒。

喝××酒，拨××热线，拿××大奖。顾客每购买1瓶××酒就可获得一张顾客服务卡，顾客可按卡上的热线电话及验证码，拨打白酒企业的服务热线，回答问题，均有机会获得大奖。

六、盒内设奖

盒内奖也是白酒促销的常见的消费者拉动方式，是消费者拉力的体现，有两种形式。

一是在盒（盖）内放置刮刮卡，卡上列明奖项，消费者刮开涂层即可得知是否中奖、中了几等奖，奖项包括酒票、代金券、烟、现金、贵金属制品、精美纪念品、旅游产品等，形式多种多样。

二是盒内直接放置实物，消费者拆开包装即可获取，一般投入的奖品有现金、金蛋、真金白银等，以及实物奖品，如体彩、打火机、毛巾等。盒内设奖主要是依靠新颖有趣的促销品设置或小额利益刺激，达到促销的目的。

盒内设奖要注意利用大奖的引爆性和100%中奖率，使消费者持续关注，形成促销热点。

七、积分兑奖

积分兑奖包括两种形式。

一是累计积分，消费者购买一定数量的产品，就可以获得不同层次的累计分数，然后根据标准获得相应的礼品。

二是收集凭证，比如，集够一定数量的酒盖，就可以兑换相应的礼品或再兑1瓶酒。

八、幸运抽奖

抽奖促销就是利用公众消费过程中的博彩娱乐心理，设置中奖机会，利用抽奖的形式吸引消费者购买产品。厂家或经销商统一制作抽奖卡，放在抽奖箱内，或者利用计算机软件进行现场抽奖，目的是在终端售点开展现场促销活动，促使顾客即兴购买和消费并现场兑现奖品。抽奖促销的形式常见的有一次抽奖、多次抽奖、答题式抽奖、游戏式抽奖、连动抽奖等。

河北味道府前期开展的“幸运一把抓”就是一个很不错的抽奖促销形式，它将福利彩票搬进酒店。一是消费者现场参与感强；二是透明度高，消费者完全凭运气参与抽奖。

九、连环奖励

连环奖励的促销形式是指在单次购买或单瓶产品有奖的基础上额外通

过累计的方式促使消费者多次购买。

一是空瓶换酒，即集满一定数量的空瓶或空盒，可以兑换1瓶原品或其他指定奖品，而且累计一定数量后，还能获取一定数量的礼品。

二是集齐指定数量或指定类型的卡片（卡片本身也有奖项设置）即可兑换礼品或原品。如世界杯期间投放有国家名称的奖卡，冠军国奖卡可以兑换奖品，同时集齐32个国家名称卡可以再兑换奖品。

三是购买产品能够中奖，集齐一定数量的标志性物件还有惊喜大奖。

十八酒坊于2005年11月至2006年1月在石家庄推出了“18悬赏”促销活动，采取了“买赠+抽大奖”的形式，包括两重喜：一重喜，买就送，人人都有赏；二重喜，解密中大奖。

十、有奖竞赛

厂家精心设计一些有关企业和产品的问答知识，让消费者在促销现场竞答来宣传企业和产品。竞赛的奖品一般为实物，但也有免费旅游。参与竞赛的途径有很多种，企业有时通过电视台举办游戏性质的节目完成竞赛，并在电视节目中发放本企业的产品达到宣传企业和产品的目的。

十一、赞助活动

针对特殊节日、特殊群体的赞助活动，如建党节、建军节、教师节、记者节、党代会等，就是为了让目标消费群体能够品鉴产品，成为意见消费领袖并进行口碑宣传。还有为了让消费者能够集体品尝本产品，在新店开业、新厂揭牌仪式、周年庆典、各类婚庆活动、各类会议等举办免费品尝活动。

十二、组织内线消费者

内线意见领袖必须是某终端消费的主顾，可以将其聘为企业顾问。对于意见领袖，企业要有预算。比如，在匹配本产品销售的旺销店，每店针对意见领袖花 3000 元的公关费。具体费用分配：进店时送 1000 元礼品，以后每月支付 500 元的顾问费，最后根据市场情况减停。其工资可以预付，但要规定：收 500 元费用，就要完成在该店的指名购买。操作时要注意：事前送酒，并送到其单位，然后带酒在该店消费形成领导效应，与品牌促销人员里应外合促进产品动销。

十三、联合促销

许多企业在联合终端做活动时，喜欢从自身角度考虑问题，导致活动中途夭折，或者难以执行，所以，必须考虑酒店的接受度、配合度、共赢度才能把活动做好。

（1）联合酒店举办厨师才艺比赛。

（2）联合酒店举办活动：消费该产品 1 瓶，餐费打 9 折；消费 3 瓶以上打 8 折；连续消费满 10 瓶，发放银卡一张，长期享受 8 折优惠；消费满 30 瓶，发放金卡一张，长期享受 6 折优惠。

（3）与夜总会、酒吧、KTV 联合促销，与这些渠道联合的理由是不少顾客用完晚餐后很可能还到这些场所。

（4）联合酒店在特殊节日（端午节、父亲节、母亲节、情人节、中秋节、圣诞节、春节等）举办活动。

总之，联合对象必须是与该产品消费相关联，而又不互相竞争的单位和产品等。

十四、主题性促销

品牌或产品在发展初期应当注入主题性、爆炸式的促销概念，并坚持下去，将其塑造为“流行性热点话题”，调动消费者的消费热情。无论是消费者、经销商，还是媒体，都会对热点产生兴趣，有利于口碑传播，会推动品牌推广，形成良性消费循环。比如，万枚金戒大赠送、千万真金白银大赠送、喝 × × 酒中轿车、万台笔记本电脑大放送、千名“新马泰”五日游等。

十五、社区广场推广活动

社区广场推广活动在淡季营销中操作得比较多。走进广场、走进社区、下农村，加强流动终端的创建与推广，在消费者意想不到的情况下，主动与他们接触，增加消费者对白酒的品牌联想度和参与度，同时取得较好的销售效果。

一是在社区或城市广场内举办买赠活动。在社区或城市广场内开展“买一赠一”活动，赠品可以为酱油、醋或生活超市的优惠卡等。在社区或广场内做白酒产品的买赠活动时，可以将赠送的优惠卡与区域市场的大型生活超市联合起来，将优惠卡的有效期设置为1年，在1年内，只要消费者在该商超内购买该品牌的白酒，即可享受一定的优惠。该活动可以刺激消费者重复购买该品牌的白酒。

二是在社区或城市广场内推广白酒的新型饮用方法。在社区或城市广场内，人流量较大的时候，可以宣传白酒的新型饮用方法，比如，将白酒放入冰箱内冷藏的喝法、白酒加冰的喝法、白酒加冰红茶的喝法等，并对消费者进行现场调配和赠饮，增强消费者的好奇心和参与性。

三是以白酒品牌或主推产品的名义冠名社区广场选秀热播节目，增加品牌或产品的曝光度：选择周期性进入社区、广场路演的选秀节目。这样既可以借助节目扩大品牌或产品的知名度，又能在路演过程中全程参与，进行产品展示、卖点传播和与消费者互动等，增加品牌和产品的知名度和消费者的忠诚度。

柔和种子酒在白酒淡旺季的推广活动的表现比较活跃。正因为其市场活跃度高，才成就了它在许多县级、地级市场的王者地位。种子酒喜欢联合政府部门的文化单位组织一系列的下乡文艺演出、社区活动，同时结合现场买赠、免费品尝、有奖问答、赠送小礼品、惊喜抽大奖等活动，吸引消费者，加强消费者对品牌的认知。

十六、事件营销

企业通过策划、组织和利用具有名人效应、新闻价值和社会影响的人物或事件，吸引媒体、社会团体和消费者的关注，以求提高企业或产品的知名度、美誉度，树立良好的品牌形象。比如，明星见面会、名师讲座、名点旅游、各种研讨会、大事件揭幕式、主题性文化论坛、公益活动（赞助贫困学子、老人等）等。

举办征文大赛，针对有特殊意义的节日，或特殊事件，或企业策划的活动（如丰谷酒的丰谷体征文造句活动——“让友情，更有情”，引起很多人的关注），联合报纸、电视，尤其是网络等媒体举行征文比赛，设置不同的奖项，引发参与热潮。

杜康开展的“中国式爱情”事件营销活动，被视为中国白酒行业经典营销案例之一。其妙处就在于将千年杜康与永恒爱情两个时间概念对接，突显“千年杜康见证永恒爱情”的营销主题，也用永恒爱情丰富了千年杜康的文化内涵。据不完全统计，这个事件营销在线上引起 359 万人关注，89 万人评论，上百家主流媒体跟踪报道；在线下，带动了 1000 多家店全面开展促销活动，包括烟酒店、婚庆酒店、电影院等，后续还可启动一系列关联活动，包括寻找金婚、父亲节、七夕节、情人节等。

十七、体验促销

企业可以邀请重点客户、消费者参观酒厂生产线或企业有特色的经营场所，以旅游的方式让消费者体验到产品或品牌的特征和价值，让他们亲身感受酒厂厚重的企业文化、感受到企业对他们的重视、拉近与企业的距离。体验式促销势必会加强消费者对该白酒品牌的忠诚度，他们也会成为活广告，从而逐渐建立品牌形象。

西凤酒的体验式促销活动，消费者只要购买3750元西凤酒即赠3750元的陕西境内及西凤酒厂旅游，包括法门寺、兵马俑、华清池、芙蓉园、华山等陕西境内的知名景点。

十八、植入式促销

植入式营销就是将企业的品牌形象和品牌宣传导语植入消费者消费流程的某个环节中。如婚庆买酒达10件提供一辆商务车作为迎亲用车，生日聚会用酒达5件提供生日蛋糕等。当然，植入式营销所用的物料必须有品牌元素，以便有效宣传企业、提升品牌形象和品牌知名度。

十九、公关教育

口子窖、洋河的“消费者盘中盘模式”、“后备箱模式”，把政府部门的领导、企业单位领导作为重点公关的对象。政商务人士是消费领袖，抓住政商务人士，以后的工作就好做了。不过，现在政务消费受到影响，酒业的公关教育开始转移到商务消费层面。

二十、会员营销

消费者会员制度的核心在于建立消费者资料的数据库，对大量信息进行统计和分析，然后开展“一对一”的营销，为消费者提供细致的、个性化的产品和服务。应该说，消费者会员制度是一种营销策略，而不仅仅是促销战术。

利用消费者会员制度开展活动，要真正为消费者提供物有所值的利益，要让消费者真正享受到会员的好处。实际运作时，不少企业给予会员的利益与普通消费者相差不大，很难提高会员的积极性。

第 6 章

区域精耕

6.1 区域市场为王

如何做区域市场，相信所有企业都深入研究过，也都有相应的策略。但是，要做到区域市场为王，尤其是在酒企众多、竞争惨烈的大环境下，难度很大。究竟怎样称霸区域市场？我们看一下区域为王的显著标志。

一是市场份额占半数以上。

强者与王者是两个概念，成为区域王者，也就是在该区域内无与之抗衡的企业。

二是消费者认知度最高，区域市场自点率第一。

区域为王的另一个关键性标志就是消费者自点率。做一个简单的抽样调查，知道该酒的人占所有受调查人数的95%以上，再选择喝酒人群抽样调查，喝过此酒的比例在80%以上，那么，这个企业就能成为王者了。另外，酒水的自点率很重要，喝过与常喝是两个概念，如果在终端进行市场调查，有70%以上的自点率，那么，这个企业在该区域市场就是绝对的王者。

三是广告全面覆盖，概念深入人心。

现在的市场竞争异常激烈，广告无处不在，各种媒体、各种宣传形式充斥着大街小巷。如果要成为区域王者，广告覆盖要做到全方位、多层次，在广度、深度都有体现。如果80%的消费者都能准确说出广告的位置、形式，如果50%的消费者能口述产品的详细名称及广告语，那么这个企业就是绝对的王者了。

四是产品终端覆盖率高，主导产品销量巨大。

区域王者最直接的标志就是产品终端覆盖率高，各类渠道、大小终端充斥着企业的各类产品，而且主导产品明显，销量巨大。如果所有终端都有该企业的产品，而且动销率高、销量大，所有终端老板都把产品作为主要销售目标，想不做到区域为王都难。

究竟怎样才能做到区域为王呢？笔者认为应该从以下几个方面加以运作。

一、产品精准定位

任何市场的成功，首先是产品的成功；任何品牌的成功，同样离不开产品的成功。

只有产品成为王者，市场才有机会成为王者，所以，企业在区域市场打造过程中，首先考虑用什么样的产品做市场？机会点在哪里？竞争优势在哪里？成功概率多大？这些都是必须考虑的事情，否则区域市场成功的希望渺茫，何谈区域为王。

在区域市场打造中，我们必须根据区域市场的实际情况，做出产品的清晰定位与规划。

一是消费者需求：消费者作为产品的最终流向，最有发言权。了解消费者对酒的口感偏好、香型偏好、度数偏好等，准确定位受众，不做非主流的产品。

二是区域内消费的价格区间：最主流的消费价位、政商务人群消费价位、宴席酒水普遍价位，为前期切入选择最匹配的价格、选择市场最主流的消费价格带，或者有升级趋势的价格带。

三是了解区域市场内竞品的表现：产品品类、主流产品、利润空间等，竞品的价格带空隙，选择竞品最薄的价格带打入市场，然后再丰富产品线，全品项进攻。

这里需要强调的是，在产品营销中，价格决定产品的生命周期。价格越稳定，产品的生命周期越长；市场越稳定，成为区域王者的可能性越大。如果价格大幅波动，渠道将会对产品失去信心，就会出现窜货、乱价、相互攻击的现象，最终影响整个产品线布局、整个市场的发展，最后导致阵地失守。所以，要想区域为王，产品的价格必须保持在一个很小的浮动空间内，中高档产品上下悬浮10～20元，中低档产品上下悬浮2～5元。即使市场出现乱价现象，也不会影响产品的生命周期，导致市场不稳定。

二、渠道做准、做精、做透

渠道为王、终端称霸是永恒的话题。对任何企业来说，产品的主要出口依然是各类传统渠道或终端，而非其他。于是，做准、做精、做细、做活区域市场内的渠道网点，成为区域为王的不二之选。目前，中国的白酒市场，各式各样的渠道形式、各式各样的渠道策略，使市场竞争越来越激烈，导致进入渠道不难，做活渠道很难。对不同的产品来说，渠道有地位高低之分、有运作先后之选、有功能价值之别，只有精准的渠道策略，高效的资源投放，才有助于渠道建设与打造。尤其是进攻初期，企业一定要找到匹配企业产品销售的核心渠道，无论是名烟名酒店、酒店、团购渠道，还是其他流通性渠道，企业必须清晰定位、巧妙布局、聚焦核心，才有机会成功。

中低端酒必须先聚焦小餐饮、大排档渠道，突破后，才能放量；中高端酒在初期阶段必须先聚焦烟酒店、餐饮店渠道，做精烟酒店、餐饮店中的核心店，突破后，才会带动其他渠道放量；高端酒在初期必须聚焦团购渠道、核心烟酒店，才能让产品高效成长。许多企业有雄心壮志，却因把握不住渠道建设的规律，产品迟迟难以爆发性放量，不死不活地沉睡在渠道中。

三、高战斗力的营销团队

市场突破初期，组织不完善，对市场的影响往往不大。因为在这个阶段，企业聚焦产品、人力、资源到重点工作上，然而，随着市场的发展，区域的细分、渠道的增加、服务的繁杂、推广的精细，原来简单的组织结构或分工难以满足市场的需要。这时，必须有完善的组织结构、清晰的职能分工、合理的管理制度、标准化的作业流程，通过组织的力量提高市场的效能，打造一支具备高战斗力、正规化的市场营销队伍。

简单地说，团队分为管理者与执行者两个部分。管理者的执行力体现在决策上，管理者要有足够的预见性，把问题想到前面，在事情出现之后及时找到应变策略；执行者的执行力主要体现在执行上，围绕上层的计划，一丝不苟、循序渐进地开展工作，按时、按质、按量完成领导派发的任务。塑造团队讲求“五定一挂”：定区域、定人员、定任务、定费用、定利润，薪资与目标任务挂钩。所以，企业一定要有完善的管理制度、奖惩制度、表单、会议制度、绩效考核等，并绝对执行。

四、促销做出特色

为什么促销重要？因为促销既起到带动销量的作用，又起到宣传推广的作用。促销做好了，企业受益很大。

白酒企业的促销要遵循以下几个原则。

一是节点原则。这里的节点指的是关键的时间点，比如，中秋、春节……大多数人放假返乡走亲访友，是酒水销售的旺季。“五一”、“十一”两个小长假亦是结婚喜宴的高峰期，加之每年暑假的升学宴，酒水的销量还是有保证的。

二是差异化原则。与其他企业所做的活动不能同质，这样做，宣传自己的同时也会帮助其他企业宣传造势。另外，差异化的促销活动也能吸引足够多的消费者。

三是聚拢人群原则。促销活动的实质还是提高品牌的影响力，要吸引人。既然是为了让更多的人知道，就要聚拢人群，比如，选择最好的位置，类似于广场、体育馆、社区这种人流量大的地方，标志性酒店、标志性卖场等。

四是服务原则。促销是提高企业形象的很好的作用点，促销人员一定要服务好消费者，才能获得最大的收益。

五、品牌建设是大多数酒企的软肋，是区域为王的最终目标

在整个区域市场营销运作过程中，品牌的作用与价值贯穿始终，是一

个资源性投放过程，但就产品的力量、渠道的作用、促销的刺激而言，产出价值并不明显，仅仅起到锦上添花的作用，许多企业在区域市场打造过程中的品牌建设相对混乱，缺失系统化的品牌推广策略。

区域市场最终发展趋势取决于品牌的力量，初级阶段可能依靠产品力、渠道力、促销力助推品牌，但随着市场的发展，品牌体现的价值越来越大，开始反哺产品。究竟什么是品牌，区域市场品牌怎么做呢?

简单来说，区域市场品牌的塑造只要抓住三个层面，就能取得不菲的成就。

一是产品或品牌诉求要有明显的差异。品牌是消费者对企业或产品的心智认知，源于消费者对其他品牌进行明显区隔。比如，产品包装的差异化区隔、产品口感差异化（绵柔、淡雅、柔雅等）、产品工艺的差异化（小窖、圆窖、封坛、洞藏等），需要对区域市场竞品有明显的区隔。

二是品牌的推广要基于销售力的建设与打造。销量托起品牌是品牌成型的基本规律，脱离这个规律，任何品牌都是没有生命力的品牌。具备销售力的品牌打造是基于产品陈列（最优陈列位、最多产品）、终端氛围（店内外生动化）、城市活化（墙体、户外广告、公交广告等）、公关推广（终端活动、社区广场、核心消费者、大事件等）四大核心工程的精细化运作。

三是品牌推广的统一性、步骤性、持续性。品牌建设最怕品牌形象与品牌诉求混乱，无法给予消费者统一的认知。同一个产品、同一种颜色、同一个声音、同一个时间点等，传播共同的主题与内容，而且每个阶段主题清晰、节奏性很强，坚持下去，才能在消费者心智中形成深刻的认知。

如果消费者看到某种颜色、听到某个口号、感受某个情景、消费同类产品都会想到你的企业或品牌时，你的品牌建设就初见成效了，距离区域为王的目标就越来越近了。

6.2 样板市场打造

成熟的样板市场对于企业快速扩张和高效拓展有着至关重要的价值与作用，是中小企业取得突破性发展和迈向成功的重要途径之一。

样板市场建设是企业聚焦人力资源、财力资源、产品资源（核心产品）三大核心资源进行系统性攻坚的作业过程，对资源性短缺的中小企业来说更有挑战性，往往是企业生死攸关的战略性转折点。所以，对于许多企业来说，在样板市场打造时必须谨慎考量与慎重推进，确保样板市场打造万无一失。

一、区域样板市场打造 5 大基础

一场战争的胜利一定是先谋而后战，先胜而后战，样板市场打造同样如此，必须深度调研、分析机会、制订策略、筹备资源、搭建组织，开始进攻。研究众多企业进攻市场失利的原因，主要是有勇无谋，既没有清晰的区域市场定位与目标，又没有明晰的市场发展的策略与方法。多算胜，少算不胜，何况无算乎。

第一，对备选的样板市场进行精确、细致的调研，调研的内容包括市场容量、目标消费群体、相关竞品、渠道情况、终端情况（核心终端）、相关媒介等。

第二，对备选的样板市场的调研结果进行分析、总结后，寻找相关的市场机会点，结合企业的实际情况，选择合适的产品打造样板市场。

第三，明确样板市场后，进一步进行深度调研，主要与一些经销商及核心店进行深度沟通，制订相关的营销策略与规划。

第四，在营销策略规划的基础上，搭建相关的组织架构，配备各架构

下的人员，明确各人员的职责，合理分配各项工作并制订相关的考核机制。

第五，在完成上述工作后，坚定不移地执行确定的各项营销策略和方案。

二、样板市场的布局与做点

样板市场成功打造的过程，一定是精准布局、高效做点的过程。布局和做点是样板市场打造系统工程的两个步骤，但在规划和实施过程中有时间顺序，或者说，做点只是布局中的一个环节，在布局的基础上才能有效地选点。布局基于样板市场，是企业整体战略层面的考虑，而选点是对具体市场的执行过程。

（一）样板市场布局

布局不好，做什么都是徒劳。在布局前先弄清以下几点。

一是打造样板市场的目的是什么？形象市场？销量市场？还是二者兼得？打击竞品？招商？

二是做样板市场的基础是什么？企业投入多少资源？样板市场的消费群体多大？

三是是全线开花，还是选点突破？

只有明确这些后，才能开始下一步。对一般性的区域性白酒品牌来说，前期所选的样板市场要么是企业的根据地、大本营，要么是临近大本营的市场。做好根据地市场后，再考虑向周边的区域复制，很多企业没有考虑区域文化、消费差异就盲目复制，往往以失败而告终。

所以，布局样板市场还要把握以下三个原则。

一是条件的可控性。企业要充分考量自己的能力和条件，包括人力、物力、财力情况，综合评估这些能力和条件，看看这些条件和能力能否控制这个区域样板市场，这个区域市场能否有机会。

二是市场的代表性。企业集中全部的资源，集中攻克一个区域样板市场，最好成为该区域市场的龙头老大，或者在该区域占据较大的市场份额。否则，样板市场的示范作用就会打折扣，榜样的力量也有限。

三是区域的辐射性。在该区域打造样板市场能逐步渗透、辐射周边市场，为后期的扩展做铺垫。

打造样板市场的过程中，上述的基本标准和原则是企业必须遵守的。只有理解并执行这些标准和原则，企业在打造样板市场的过程中才会少走弯路，成功的可能性就会大大增加。

（二）样板市场的选点

选点是样板市场快速突破的关键，点选错了或全面开花，会增加市场成功的难度。

打造样板市场要懂得运用“样板中再造样板”的方法，以点带线、以线带面，逐步塑造市场。在大的样板市场中，要不断培育和发展小的样板店、样板街、样板区。这样的运作手法也是目前绝大多数中小企业的战略步骤，他们通过积蓄资源、发展势力，最终获得成功。

如何选择样板市场中的小样板市场?

一是消费水平匹配企业主导产品的价位，消费能力强，适合本产品销售。

二是消费基数大，能形成销售规模。

三是交通便捷，物流通畅，节约时间。

四是渠道优质、密集，企业发挥空间较大。

五是对周边有辐射、影响和带动作用。

只有满足上述条件，才具备打造小样板市场的条件，综合考察后，对其重点运作，才能发挥对周边市场的拉动作用，才能有力地打造样板市场，创造良好的发展条件。

小样板市场的选择不同于大样板市场，这是一个尝试的过程，会选点失败或出现新问题，要善于总结，不断调整战术。

当然，在运作样板市场的点、线时，并不代表不运作其他区域，只是资源的投入有所区别、推进的层次不同罢了。只有这样，才能有的放矢，在不断改进中持续发展。

三、打造样板市场需要持续不断地深度挖掘

打造样板市场是一个需要长期坚持的系统化工程，企业不能顾此失彼，一味追求表面工程，造成品牌发展后劲不足，市场不能持续发展。

样板市场的持续性表现是什么？我们把市场比作一棵小树苗，栽下去后还需要浇水、拔草、除虫、修枝杈等，使它生长为参天大树。打造样板市场恰恰是持续提升区域市场品牌的影响力，直至品牌成为区域市场内同类产品的佼佼者。

（一）渠道建设方面

一是前期快速启动市场。企业直营或与经销商紧密合作，分工明确。需要说明的是，企业必须占据主导位置，掌握样板市场渠道主导资源，经销商协助，在投入方面，充分发挥经销商的作用。厂商如何完美协作？企业情况不同，方法也不同，笔者认为，不论采取什么方法，都必须解决三个不可回避的关键问题。

（1）企业能够拥有什么，这是掌控市场资源的核心（核心、主导终端）。

（2）企业能够改造什么，这是样板市场打造行动力提升的关键（完善合理的运作模式）。

（3）能够给经销商带来什么，这是控制经销商的原动力（利润）。

二是中期全面覆盖网点。企业依靠分销商，或者直接依靠能力较强的二级批发商，达到覆盖网点的目标，一般样板市场的网点覆盖率：酒店60%以上，烟酒店90%以上。企业必须依靠这些网络资源进行密集性分销，让产品到达更多的终端，通过具有高覆盖率和多种渠道并存的分销网络接近消费者。

三是后期完成网点的有效分布和动态管理。淘汰无效网点，提升有效

网点，强化形象网点，巩固战略网点，打击竞争网点，建立合理的网络布局，注重终端网络的生动化建设，主推网点与主流渠道并重。在渠道建设过程中，主流渠道应优先考虑作为主推场所，如果不能主推产品，则利用主推网点补充。

（二）品牌建设方面

一是着重营造样板街区销售氛围。建立样板市场的生动化标准体系，样板街或样板区为形象基地，塑造浓厚的旺销氛围，具体做法如下。

（1）选择餐饮酒店或烟酒店比较集中、消费影响力大、消费量高的餐饮或烟酒店的街道。

（2）对这条街的餐饮店的门头、户外宣传支点（如路灯杆、休闲岛）、户外墙体广告进行包装，在黄金路口的明显位置制作户外大牌等。

（3）在B、C类酒店制作店内外墙体广告、制作道旁落地灯箱（连续不低于5个）、投放产品模型、放台卡、桌号牌、餐巾纸、挂画、公益提示牌。

（4）在名烟名酒店制作店招，店内柜眉、墙体KT写真画、价格牌、促销牌、店内外堆箱、海报等。

（5）特色化终端氛围营造：选择政府/机关疗养处所、旅游景点度假村、特色菜品店、城郊农家乐等，制作店招，明显位置做墙体广告，悬挂（不限数量）灯笼，做大厅KT板、大厅墙体（文化墙）广告，包厢KT板，产品最优位置陈列、最多数量陈列，以及物料的摆放，如产品模型、台卡、餐巾纸、桌号牌、价格牌、促销卡、椅套等。

二是着重开展消费者促销推广活动。促销本身是助推销售的主要手段，对品牌的建设有着不可磨灭的作用，毕竟品牌是销量托起来的。消费者促销不仅可以自带刮刮奖，还可以有针对终端的买赠活动、品鉴体验、幸运大抽奖……

三是着重进行产品结构化梳理。主力单品在渠道建设、氛围打造、促销推广等方面成功突破时，必须结合主力产品，构建合理和层次分明的产品线矩阵，丰富产品、封锁渠道，通过不同的产品定位进行品牌加速造势与品牌维护，同时达到挤压竞品市场空间的目的。

四、打造样板市场需要一个强有力的团队

笔者认为，成功打造一个样板市场团队必须有三大要素：把控全场的领导、灵活多变的一线负责人、执行力强的团队。

首先，一线负责人至关重要。

其次，公司要为一线提供服务，与一线营销人合作到位。只有对人、对事、对财、对物管理到位，才能培育出职责分明、敢打硬仗的营销团队。

最后，懂市场与销售。要充分培训销售团队，才能提高执行力。培训经销商，才能提高认同感和忠诚度，越来越多的经销商希望从厂家学到先进的市场推广方法与理念，如经销宝洁的产品，经销商可能不赚钱，但能向宝洁学习深度分销的技巧与产品推广的方法。

未来，区域白酒品牌的样板市场运作思路与方法越来越科学，越来越贴近市场，无论采取什么方法，打造样板市场都需要深入一线。

五、不能给对手太多的机会

很多企业打造样板市场在前期做了充分调研的基础上，开始非常顺利，也取得了不错的销量。但当产品的销量进一步提升的时候，对市场的敏感度和关注度便开始降低。很多时候，给竞品送去了很多机会，导致竞品疯狂蔓延。企业要不断地了解市场动态，时刻关注市场的变化趋势。

企业领导或操盘者应该从始至终关注样板市场，加强对样板市场的管理和监督工作。没有好的监督管理机制很容易让企业陷入困局，企业发现市场销售额下降的时候已经来不及了。

6.3 精细化工程

精在于精准、精确，细在于细节、细致。下面以中高端酒为例，看看区域市场通过哪些层面打造市场的精细化工程，才能成就企业的区域王者地位。

一、公关团购精准化

公关团购是一个与人打交道的工作，很难有章法可循，但如果没有章法，单凭个人判断做事，必然胡子眉毛一把抓，多花冤枉钱。在进行核心消费者营销时，以公关营销为主线，最大化地整合“SNS 社会关系网络”，建立公关团购对象数据库，明确标准管理办法，定圈子、定系统、定人、定利益链、定职责地跟进服务，不断完善团购数据库，不断优化团购客户群或组织，提升公关团购的质量。

我们服务的一家区域白酒企业，建立了 400 多个核心客户的数据库，几乎覆盖了整个市场的核心消费人群，包括政府领导、企事业单位负责人。针对 400 多个核心客户，我们组建了 30 多人的大客户经理团队，由客户经理专门负责核心客户的客情维护、公关团购和“后备箱工程”的推进工作，力争让 400 多个核心客户完全成为该品牌的忠实消费者，并由他们带动政务、商务用酒市场的销量。

（一）先公关后团购

只有对单位领导做了充分的客情公关后，才具备团购的条件和动力。如果不进行有效的客情公关便开展团购业务，成功的可能性就会大大降低，尤其是对强势集团中核心人物的公关。

（二）建立关系，纵向深耕、横向发展

当成功地与一家企事业单位开展团购业务后，一定要充分利用该单位领导的人脉关系，对该单位的其他直系单位开展公关团购工作，将整个系统做深、做透，利用这个领导的朋友或业务关系渗透到其他单位或系统，开发其他单位或系统。

（三）公关顾问团（只公关，不团购，拿公关费用）

当地政府部门的退休干部，或企事业单位的重要人物，社会关系网宽，能量大，是众多交际圈内的意见领袖，能协助企业开展各个单位的公关活动，对企业和品牌的忠诚度较高。企业将其聘为顾问，通过公关顾问的社会关系掌握当地核心消费人群的详实情况，为市场拓展和建立数据库奠定基础。

（四）公关小姐

雇佣公关小姐，定期或者非定期地对目标核心消费者进行拜访、送酒、邀请参加小型品鉴会等。

（五）金卡会员

在当地经销商的配合下，从信誉好的企事业单位找到应酬较多的人，把他们发展为金卡会员，先送酒免费品尝，建立关系，再在节假日、会员生日给予祝福、送酒等，提供优惠和长期的情感服务。

（六）一桌式品鉴会

首先，“请进来”的品鉴会。由经销商或品牌顾问邀请人员参加以品鉴为主题的宴会。对目标消费群体进行品牌宣导；让产品与目标客户直接接触，加深其对产品的认知度（体验式营销）；寻找和发掘潜在团购客户资源及招商。

注意事项：小品鉴会要分系统、按顺序依次开展，不要把很多不同单位的客户召集在一起，不便于沟通；小品鉴会尽量每次请一桌，最多两桌；便于照顾每位客户并进行一对一的沟通；每次以一个或者两个核心领导为重心邀请相关目标群体参会。

其次，“走出去”的品鉴会。以赠饮用酒的方式参加目标客户集中的小型的宴会，如“重大节假日免费排送活动”、“重要人物家庭婚庆免费送酒”等公关性质的活动，让他们成为喝 酒的主流消费群体，引导、引爆其他消费群体，逐渐形成消费潮流。

二、核心餐饮深度化

餐饮营销在于抓住核心，只求深度不求广度，深度挖掘进入酒店的潜力，把核心酒店做扎实，做到位，而非全面铺开造成资源浪费、风险增大。

如果能对核心酒店，以及酒店内的核心消费群体做到持续有效的沟通，在投入力度与控制效果方面与企业现实状况完美匹配，真正起到以点带面的示范效应。

三、烟酒店营销细致化

随着消费者购买方式的碎片化，餐饮渠道话语权不强，超市仅在节假日促销走量，团购渠道销售受阻，电商没有形成气候，唯有烟酒店渠道的价值比较大。烟酒店集团购、零售、分销、陈列、推广五种功能于一身，是许多白酒品牌必争的渠道。

（一）广铺路，全覆盖，占领与产品匹配的烟酒店数量

就烟酒店来说，根据产品价格定位进行产品组合铺货，争取做到铺货率为100%，不放过能够销售产品的烟酒店，占有率为全覆盖，目的是占有渠道、占领终端，展现企业品牌的市场价值。铺货率100%的全覆盖并非是指所有的店，而是与产品结构匹配的店，产品与烟酒店类型不匹配不

仅不能起到正面作用，还会带来负面影响，甚至留下后遗症。

（二）深分类，重维护，占领烟酒店的质量

某个区域市场，烟酒店数量有400家，但是真正能够创造高价值、高回报，对当地团购、零售市场起作用，对其他烟酒店具有引领和带动作用，能够产生影响效应的烟酒店只占20%，公司通过与众不同的利益分配方式、多样化的客情维护手段、个性鲜明的管理方式服务20%的核心客户。其他烟酒店虽然占比很大，但销售贡献较低，由一般业务人员维护。

（三）重形象，塑品牌，烟酒店“6个1工程”

一是灯箱或门头广告化。将门头、灯箱或店招上升到户外广告，给人很大的视觉冲击，如核心店、样板街等。

二是一个牌匾正规化。在烟酒店显著位置放置该企业的牌匾、铜牌或木质的牌子，上面写“××酒授权特约经销商”或“××酒品牌示范店”，给消费者可信的理由。

三是一个陈列抢眼化。产品陈列的优劣主要体现在陈列的产品、陈列的数量、陈列的方式上，这里不再赘述。

四是一个堆头醒目化。在面积较大的烟酒店的入口处或醒目处进行堆头陈列。

（1）采取“兄弟姐妹一起上”策略，将系列产品组合陈列，对消费者产生强大的视觉冲击力，刺激购买。

（2）突出核心主导产品的生动化地位。

（3）堆头上有醒目的价格标签。

（4）采用堆头空箱陈列的垂直集中法。消费者的视线先上下、后左右，可以做出生动、有效的陈列面，使产品陈列更有层次、更有气势。

五是一个POP/展架。POP可以是易拉宝、海报、展架、柜眉、室内墙体广告，也可以是跳跳卡、价格签、促销卡等，也可以是企业单独设计的独立展架。

六是核心店配置促销人员。进行终端拦截和现场促销，对烟酒店进行管理、监督及客情维护。

（四）协助烟酒店做好团购销售

能够开名烟名酒店的老板或多或少有一些社会关系，要想维持好这种关系，这些老板每年也要有一笔不小的开支。如果企业协助店方做这项工作，不但可以减轻名烟名酒店老板的客情费用压力，还可以通过这种维护工作巧妙地管控名烟名酒店与单位关键人物的关系，使之成为潜在的核心消费群体。不过，千万不要占有烟酒店的背后网络资源，而是要共享、利用，并在这个过程中让烟酒店真正享受到利润和实惠。“过河拆桥”是所有烟酒店老板最担心的事情，只有消除了烟酒店老板的顾虑，他们才能配合厂家开发市场。

（五）搭建宴席桥梁，拦截终端

锁定宴席主推产品，制订相对固定和可持续执行的推广政策，并将促销信息传达给所有目标终端；名烟名酒店只负责推介（获取中介费），不负责销售产品。

宴席价格：等于或稍低于终端零售价格。

中介费：按宴席价格的10% ~15%执行，刺激烟酒店主动推广产品。

宴席政策：公司指导意见或根据当地消费习惯制订。

四、超市营销促销化

商超渠道销售关键在于把握节日化、促销化、堆头化、导购化四大要素。

（一）节日化

节日化源于销售渠道碎片化，商超渠道的节日化营销越来越丰富，无论是国外节日还是中国传统节日、商超自身创造的节日，几乎每月、每周都能看到商超的节日营销的主题，吸引消费者参与。中国白酒品牌联合商超渠道抓住节日营销，甚至双休日营销，一定能创造不菲的业绩。

（二）促销化

促销是一门学问也是一门艺术，关键在于抓住消费者的欲望，商超渠道的酒水消费群体多是随机消费的人群（排除名烟名酒专柜），多是被促销活动吸引而购买产品。目前，白酒商超卖场促销一定要抓住消费者占便宜的心理，不一定是产品本身便宜，主要表现在买赠（搭赠产品或礼品）、捆绑销售、连环打折上。

（三）堆头化

堆头对商超渠道的销售起重要作用，堆头位置一定要显眼，活动提示一定要抢眼，吸引消费者是关键。

（四）导购化

导购人员一定要热情、专业、敬业、能说会道，物是死的，人是活的，能否抓住顾客，能否从竞争对手那里抢单，导购人员举足轻重。如果在商超举办促销活动，不配备优秀的导购人员，对销售与相关投入都是一种损失。

补充一点，大众性、差异化的礼品酒，以及低端长期促销酒在商超渠道促销化、打堆化、导购化，更能取得惊人的销量。

五、乡镇市场深度分销化

在乡镇市场要整合分销商、意见领袖、零售商、广告宣传，打造乡镇市场“11123 工程”，即 1 个驻点业务人员、1 个分销商、1 个“父母官”、2 家门头店、3 家形象酒楼。具体做法如下。

1 个驻点业务人员：开发分销商，培养意见领袖及消费群体，负责相关的市场工作。

1 个分销商：优先选择当地有背景或有现成渠道资源的客户发展成分销商。

1 个“父母官”：通过挖掘分销商政府资源、赞助政府会议或活动、定期品鉴等方式，发展具有话语权的乡镇领导作为本品的意见领袖。

2 家门头店：选择 2 家在当地规模较大、有影响力的批零店或超市制作形象门头店招。

3 家形象酒楼：选择 3 家在当地名气较高且政府宴请较多的酒楼做形象装饰，一方面要重点包装酒楼，另一方面要通过多种物料、平面物料或赠品营造餐饮店氛围。餐饮店氛围标配：个性化墙贴、椅套、桌牌、牙签盒、分酒器、酒杯等。

当然，还要对乡村中具有一定话语权的人物进行公关，包括乡村电工、红白理事会会长、老师、包工头等核心人物，只有牢牢抓住这些有一定影响力的核心消费者，产品才能在乡村市场形成口碑效应。

六、品牌推广重点化

以中高端酒为例，解析区域型白酒如何进行品牌推广。

（1）展示产品形象。根据核心消费人群经常出入的场所进行产品或品牌展示，比如，在高档会所、写字楼、汽车美容中心、加油站等地展示产品形象，派发宣传手册。

（2）攻克集团客户。加强强势集团核心人物的推广工作，从而拉动权贵、富裕阶层消费，培养忠诚的消费群体。

（3）参与并赞助政府及事业单位的一些大型会议或活动，提高品牌形象。以品鉴会、推广会为契机，真正开启贵人带动富人、富人带动消费的关系型营销推广模式。

（4）与富人阶层合作建立 VIP 俱乐部。在建立关系型渠道数据库的基础上，筛选出一些消费领袖不定期地举行品鉴活动、交流会，免费赠送产品，VIP 会员购酒优惠，不断加大关系型营销力度。

（5）开展事件营销。为进一步拉近与终端集团用户的客情关系开展的一系列活动，如品鉴会、诗酒文化活动、联谊活动；选择政府性的、公益性的、影响力较大的活动，如工程开业庆典、竣工剪彩、表彰大会、一年一度的政府报告会、文体活动、慈善活动、人物评选等活动进行赞助与冠名。在一些权威消费领袖的婚宴、寿宴上大做文章。

(6) 软硬媒体封锁化。当地市场的硬广告，如高炮、公交车体、户外广告、终端氛围，如果影响力大，绝对不能流入竞争对手手中；软性媒体，杂志、报纸、电视等，要经常刊载、报道一些公益性、事件性的营销活动。

第 7 章

淡旺季营销

7.1 淡季营销的5步攻略

对深谙白酒营销的企业来说，淡季往往承载着更多的机会与潜力，谁能充分做活淡季市场，谁将在旺季获得更大的销量，甚至取得“淡季不淡，旺季更旺”的效果。

一、引人注目的终端生动化

无论是产品陈列还是氛围，一定要力争占领终端最优位置，做到数量最多、规模最大，成为销售终端的风景线。

货架：争取入口处产品陈列区的排面，有条件的企业可在收银柜台口专门设立一个产品展示货架，也可与名优品牌同列一处，取得最佳的视觉效果。产品在货架的位置显而易见，须有视觉冲击力，三层货架，宜摆放中层位置；五层货架，一般3~5层适合陈列。通常情况下，普通成人的齐胸高度为最佳拿取位置，超过视平线过多则效果欠佳。产品的陈列应选择店铺的最佳视觉点，陈列排面应优于同类竞品。店内宣传品、促销提示牌，应摆放在店内顾客能目击的有效视区。另外，企业也可在白酒外包装方面想办法，配合产品的生动化陈列，有的白酒品牌给瓶颈打一个蝴蝶结，很吸引人。

堆头：货卖堆山，可专门设计独特的品牌形象展示台或酒品端架，宜堆放在主通道中、门店出入口和收银处等位置。如产品系列比较丰富，应通过组合优势，以“岛形”、圆形、梯形或其他抢眼的堆放方式提高受众率。

店内：创新终端宣传物料，提高海报、吊牌、挂旗、柜眉、包柱、条幅、醒目位置墙贴、醒目位置指示牌和提醒牌的视觉效果，有实力的企业可在样板店设置一个具有动感效果的酒瓶型灯箱。

店外：可将空箱子整齐摆放在店铺门口，店招、店外墙体广告、店外灯箱、店外条幅等，提高对过往顾客的吸引力。

二、热火朝天的品牌推广活动

无论是对大众消费的刺激和吸引，还是打造品牌在当地的影响力，品牌推广活动都有不可估量的作用，关键在于形式的选择、地点的选择、频次的取舍，单次、单一的活动无法实现由量变到质变。

（一）餐饮店品牌推广活动

在餐饮店内举办免费品尝活动，引领和培养消费者尝新；举办买赠活动（如买酒赠烟或买菜赠酒等），培养消费者的口感；举办消费者有奖竞猜等参与性强的活动，增强消费者的品牌忠诚度。在餐饮店内举办品牌推广活动时，在当地电视台上进行字幕广告宣传，同时宣传餐饮店和活动内容，增强活动店的配合性。举办活动时，分派专职的品牌推广人员进行系列的品牌推广活动，增强活动执行的效果。通过打造餐饮店形象和执行品牌推广活动，提高品牌形象，加强消费者对品牌产品的认知度和忠诚度，为旺季的销量提升打下基础。

（二）夜市或啤酒广场内的推广

夏季是夜市消费的旺季，夜市也是消费群体比较集中的场所，在夜市或啤酒广场内做白酒推广也是比较重要的工作。组织品牌推广人员在夜市或啤酒广场内举办白酒产品的免费品尝活动或有奖竞猜活动，增强消费者的参与性，提高白酒品牌的活跃度，加强消费者对白酒品牌的认知。在夜市或啤酒广场内推广白酒品牌，不要以产品的销量作为考核依据，应以加强消费者对白酒品牌的认知度为目标。

（三）社区或城市广场内的推广

一是社区或城市广场内的买赠活动。在社区或城市广场内开展“买一赠一”的活动，赠品可以为酱油、醋或生活超市的优惠卡等，增强消费者的参与性。

二是在社区或城市广场内推广白酒的新型饮用方法。

（四）冠名选秀热播节目

以白酒品牌或主推产品的名义冠名选秀热播节目，提高品牌或产品的曝光度。

三、花样繁多的促销活动

淡季销售不仅要做消费者购买的文章，还要调动终端网点持续推销的激情。

（一）渠道促销

在淡季时，许多厂家针对终端网点制订进货奖励政策，还有开箱奖、返箱皮奖，甚至在箱内放置高档礼品，刺激终端老板多进货、多开箱、多推销。柔和种子酒就在外箱内放置笔记本电脑的奖票，刺激终端老板主动推销产品。

（二）消费者的有奖销售

一是盒内设奖，二是现场有奖销售活动。

（三）促销人员推销

淡季促销人员派遣也有很深的学问，一定要把促销人员分派到能够产生效益的终端网点。

一是大型商超促销人员。在商超购买白酒的消费者，多是随机性大的消费者，谁在商超派驻促销人员主动推荐，这个商超白酒销量最大的品牌也非他莫属。

二是烟酒店促销人员。现在自带酒水现象严重，烟酒店渠道已经成为众品牌必争之地。许多品牌对烟酒店的营销不仅限于生动化建设、促销政策、客情公关等简单的营销方式，而是配置专职促销人员管理核心烟酒店，帮助终端网点销售（散客与团购客户），同时监督终端网点是否在主销该品牌。

三是酒店促销人员。酒店渠道并非像传说中的那般不景气，只是失去了领导者的光彩。当大家不关注酒店，放弃酒店的时候，你围绕酒店做足促销、做足促销人员的文章，一定会大放异彩。

四、丰富多彩的宴席营销

淡季往往是思想上的淡季，而非市场真正的淡季，就看你是否拥有敢于突破的营销思维。宴会营销不仅能刺激销量，还能成功启动市场、打造品牌。

在5~8月的淡季市场中，恰恰有两个集体消费的高峰点，即婚宴市场与升学宴市场。如果做好了婚宴消费和升学宴消费，不仅能带来巨大的销量，对品牌的快速起势也能起到很强的引领作用。

某白酒品牌在淡季联合酒店、民政部门、婚庆公司、喜糖铺子、乡下帮办开展婚宴促销活动，不仅刺激产品销售，还成了当地婚庆用酒的首选品牌。

某弱势白酒企业由于品牌力非常弱，即使采取一定的促销手段也没有打动消费者。于是，这家企业的业务人员从酒店（朋友、喜糖铺子、乡镇帮办等）获得结婚或寿宴信息后，直接带酒到顾客家里，让顾客品尝并告知促销政策，许多顾客被业务人员的真诚和执着感动。

如果业务人员够勤奋、消息够灵通，并且会做客情，利用婚庆、宴席等，连续三四个月在某个地方攻克20多场婚庆，甚至能成功突破一个点状小市场。某白酒品牌从考生考试时举行夏日送清凉活动，一直到拿到通知书举办谢师宴活动，不断开展公关与促销活动，不仅让产品动销，还以此为切入点成功启动市场。

在淡季，只有您有“不淡”的心态，市场到处都是销售机会。有的白酒企业在淡季充分利用专职、兼职团购人员开发团购客户、会议用酒、生日宴用酒、老乡会用酒、协会聚会用酒等，以及要求销售人员协助烟酒店、超市开发团购客户，销量巨大，在市场上的表现也很活跃，间接刺激了终端网点走量。

五、不可放松的客户关系建设

销量多寡不仅与消费者购买率有关，还与渠道的占有率有着不可分割的关系。渠道的占有率不是渠道覆盖率，而是根据产品的定位成功销售产品、能够贡献销量的网点，并非不管大小店、适合不适合都进店。对于难以进店的客户或准备进攻的市场，在淡季有充足的时间与精力进行谋划与公关，做到质量与数量并行。

然而，在现实营销中，许多厂家面对淡季市场，不是不管不问，就是疯狂招商。这里的招商实际上不能称为招商，仅仅是招钱，不管客户大小、不管客户质量如何、不管客户是否匹配产品，只要能忽悠客户打款，就是成功招商。最后，招商变成“招伤”，不仅坑害了客户，还伤害了市场与品牌。

许多销售人员在淡季为了完成任务，只知道逼迫客户打款，不知道帮助客户销售产品，对客户拜访、关心等方面的客情维护也搁置一边，用到客户时才想起来，彼此之间的关系越来越远。其实，淡季一定要加强客户拜访，为客户出谋划策，帮助客户营销，强化客情关系，为旺季销售打下坚实的基础。

聪明的厂家喜欢在淡季策划一些厂商联谊活动，不仅能向客户压货，还能增强双方的合作关系，如组织参观酒厂、旅游、商家座谈等。对白酒营销来说，淡季是不可忽视的。无论是畅销品牌还是新上市的品牌，都要狠抓品牌、产品在市场上的活跃度，销量的多寡并不能以旺季销量的标准衡量，要把重心放在消费者主动消费的频次上，看频次是否持续增加。即使是畅销品牌，如果忽视淡季的市场基础建设工作，到了旺季也容易被淡季市场表现活跃的品牌取代，这是非常危险的事情。

7.2 旺季营销的3大战役

旺季是收获成果的季节，是各路诸侯抢占销量、大显神通的时刻。在旺季，我们的营销战士采取何种营销策略，才能在这场看不见硝烟的销量争夺战中立于不败之地呢？才能使销量最大化呢？实践发现，在旺季营销活动中，只要打好三大战役，就能立于不败之地。

一、渠道为王之战

销量主要通过渠道网络实现。越到旺季，越应该把握渠道网络的数量与质量，通过网络数量实现销售的汇量式增长，通过质量实现销售增长的恒定性与持续性。所以，渠道工作完善性和精细性往往决定着营销战役的成败。

（一）渠道深度与密度问题

渠道中是否存在空白类型渠道、空白渠道网点？空白类型渠道、空白渠道网点是最直接也是最容易实现业绩提升的切入点。比如，有些区域市场运作了烟酒店、团购，但是商超渠道还没启动，商超渠道就是空白类型渠道；有些区域市场掌控了核心烟酒店、核心酒店等网点，但是一些普通网点因为经销商能力有限而处于自然销售状态，有些网点处于空白状态。在销售旺季，无论是市场进攻、渠道进攻还是空白网点补充，与淡季相比，有更多的机会与更高的效率。

宴席市场，旺季（中秋、“十一”、春节）有较多宴请活动，如婚宴、年终庆祝会、节日聚会等，在这些场合，白酒均是主要的招待用酒。由于相关的宴请场合人流量大，通过宴请市场可进行口碑宣传，取得一般广告难以取得的效果。合适的产品、有针对性的促销策划、一定的广告宣传能有效抓住各种宴请活动。在针对宴请活动的白酒销售过程中，需要把握以下几个要点。

可以赠饮料、结婚用品、香烟等活动的必用品；与烟酒店、喜糖铺子、婚庆公司、商超、便民店、酒店联合促销；可以在影楼、商超、便民店、酒店悬挂宣传条幅、POP 等；可以赞助企业年终庆典、年会等集体活动。所以，企业要利用旺季，根据自身与竞争需要，填补空白类型渠道、空白渠道网点。

（二）渠道协同问题

不同渠道是否存在冲突？不同渠道不是相互孤立的，而是相互依存的。酒店的货冲到市场上了，团购单位的货冲到市场上了，品牌公司的团购部和经销商相互争夺客户等，都是影响品牌信誉与销量的渠道冲突问题。渠道冲突的根源是价格，价格体系设定一方面要考虑各个渠道环节和渠道网点的需要，保障渠道的积极性；另一方面要考虑协调不同渠道，避免冲突。

（三）渠道效率问题

各渠道单店销量是否低下？虽然区域市场铺货率较高，但是不同单店销量差异较大，在生意或规模相当的单店中，有些店月销售额 1 万元，而有些单店则不足 1000 元。这也是区域市场经常遇到的问题，为什么同等条件下，单店销售差异巨大？是因为有些单店主推这个品牌的产品，而有些单店没有主推这个品牌的产品。

如果挖掘一些具备条件的单店销量，区域业绩是否会提升呢？渠道效率提升，即通过利益驱动、客情提升双管齐下的方式挖掘具有潜力的经销商、终端网点，以提高单店产出。利益是基础，充分发挥经销商、终端的积极性，挖掘其潜力，必须让他们获得更多的利润。主要方式是采取疏和压的形式，疏是指提高单店的进货频率，通过市场促销，加快终端动销，提高进货返单的频率；压是指针对某阶段，尤其是节庆假日，举办多种形式的订货会，通过订货会议现场政策的吸引，如进货搭赠、累计奖励、出国旅游、回厂游等，刺激终端加大进货量。通过二者的有机结合，最终提高单店销售总量，提升整体市场的销售业绩。

客情是关键。拼资源、拼力度没有止境，总有力度更大的产品出现，公司应该平衡好渠道单瓶利益与整个品牌带来的利益。在保障单瓶盈利有一定优势的基础上，公司应该通过业务人员的拜访与沟通黏住经销商或终端，保证客情优势。有了客情优势，才会有老板的支持、老板的推荐和店面的氛围优势。有了这些，即便产品成熟，也能确保产品与消费者见面，发挥消费者的自点作用，进一步提升单店产出，提高渠道效率。

（四）终端氛围问题

无氛围，难动销。越是旺季，产品被消费的概率就越大，消费者冲动购买的机会就越多。这时，终端形象与氛围营造也越发重要，争取让消费者只要进入终端，就能被本品牌终端氛围刺激、诱惑、打动。虽然企业无法保证每个店都有强势的品牌氛围，但要保证核心网点具备这样的竞争优势。如烟酒店渠道必须做到店外有门头店招、走廊包柱、灯箱广告、灯笼、橱窗广告，进门有推拉门贴，店内四周墙体有产品广告画，包柱有温馨提示，酒水区有专柜陈列，堆头展示、统一价签、活动海报、爆炸签、易拉宝等，有空间的地方就有产品广告，有货架的地方就有产品陈列。

安徽种子酒在安徽县级市场终端小店做陈列，政策是陈列多少送多少，一个只有10平方米的小店货架上摆的都是种子酒。洋河在江苏市场的排他性陈列，基本上垄断了能卖酒的、稍微有点资源的终端。青酒13年产品在贵州市场的基地建设就是疯狂抢占终端陈列和店内外氛围营造，虽然市场费用多了一点，但销量翻了一番。

二、促销争霸之战

旺季促销一是为了提升销量，二是为了阻击对手，三是为了提升品牌形象，四是为了巩固客情。所以，要在销售旺季根据不同的促销对象采取不同的促销方式。

（一）经销商

促销的核心是利益，利益给得艺术、巧妙，容易促进经销商多进货与主推产品，常用的方法为市场推广、打款奖励、积分返款、上量赠车或旅游等。在旺季，对经销商的促销激励要更多地关注经销商的备货与配送，厂家可以给予经销商进货奖、服务奖，促使经销商做好安全库存准备，防止缺货、断货。某酒水厂家在春节前一个月，举行了声势浩大的新产品推广及订货会，规定凡打款发货达到一定标准，均给予一定数量的随车赠送，吸引了很多经销商。

（二）分销商

分销商处在核心环节，上接厂家，下连终端，处于“咽喉”部位，对分销商的促销举措要充分结合分销商的渠道功能定位。既然分销商有承上启下的作用，其主要职责就是产品分销、终端开发与维护等，多给予分销商促销品支持、助销人员支持，通过统一策划与设计的促销品，配备一定人员实施分销，协助分销商做好产品分销或新网点的开发工作。

（三）终端客户

终端是决定产品销售最直接的阵地，也是最重要的阵地（排除团购直销）。在旺季，终端的促销与支持工作必须当成头等大事，尤其是对旺销店及核心客户，充分调动其销售的积极性。在旺季，这些核心客户多采取阶段性、大力度政策支持，实现有效捆绑，保证旺季与本品牌合作紧密。如针对核心客户设置不同的进货坎级，常见销售政策有包量销售支持、买赠活动支持、开箱有奖支持、陈列政策支持、宣传物料支持、进货政策支持、累计返利支持、宴席政策支持、客户宴请支持、旅游名额支持、店面房租补贴、店员工资支持、销售协助支持（派驻促销人员）或其他可以满足核心客户需求的支持。

（四）消费者

在春节，要结合消费者的消费与购买特性，设计促销内容。比如，消费者一般都有求名、求新、求廉、求便利、求实惠等心理，针对不同的顾客群，举办不同形式与内容的促销活动，如免费品尝、买赠、代金券、捆绑、特价、再来一箱、换购、满赠、刮卡、抽奖等。消费者促销有一个原则：大奖看见、小奖不断、大力宣传！要抓住消费者想中大奖、贪便宜的心理；不但要开大奖而且要有吸引力，如汽车、手机、计算机、旅游、金条、万元教育基金、千元现金大奖等；小奖要多、实惠、能得到，如香烟、现金、再来一瓶等。中奖后要大力宣传，在潜在消费者中形成良好的口碑。

（五）竞争者

针对竞品想尽办法，整合资源，抢占速度，体现力度，有针对性地开展各种促销活动，如同质同价加赠礼品、同质高价折扣体现、抽奖、中奖、优质贵宾服务等。

（六）媒体

传媒资讯时代，利用报纸、网络、电视、广播、短信、店内广告、海报、吊旗等载体，聚焦促销信息的推广宣传。

只有给予不同的渠道环节不同的促销方式与内容，资源较多聚焦于渠道末端，尤其是终端及消费者环节，促销才能有针对性，才能有的放矢。

三、团队运动之战

旺季营销的目的不仅仅是为了市场，还为了销量而战。销量之战的胜利，不仅源于市场操作，也是销售指挥官与销售战士有章有法共同奋战的结果。在旺季针对销售团队开展运动式的工作，有助于增强战斗力、扩大销量。

（一）销售竞赛

竞赛是利用报酬奖励提高工作人员的积极性，完成工作目标的激励方法，是企业或区域经理经常使用的激励手段。销售竞赛要有一个清晰的、明确的目标，公平的评判标准和落到实处的奖励。在奖励设计中，建议把精神奖励和物质奖励结合起来，即奖励方式最好是发放一定的奖金或奖品的同时，颁发荣誉证书。

销售竞赛在提高销量和鼓舞士气的同时，也会带来一些不良后果。如压货竞赛，往往会有业务人员过度放货或压货，引发窜货问题等，在竞赛过程中要注意预防负面效应。

（二）专项激励

自觉主动自发的工作是理想状态下的执行力。业务人员的执行力源于要求或考核的事情，不会做企业期望的事情，所以，有人说："你想要什么就考核什么，你考核什么就得到什么。"业务人员注重与自身利益相关的事情，符合切身利益的工作会全力做，背离自身利益的事情往往会高高挂起。因此，在旺季，建立专项的奖罚考核机制能督促业务人员完成相应的工作目标。

（三）树立榜样

树立榜样是一种有效的激励手段。榜样有很强的感染力，能够影响周围的群体。人是有模仿性的，而榜样则是模仿行为的重要参照物，榜样具有感染、激励、号召、启迪、警醒等功效，有重要的示范激励作用。因此，在工作中树立业务榜样，能有效地激励、影响其他业务人员。

任何时候都是挑战与机遇同在，销售旺季虽然有许多市场机会点与创新点，但也因竞争对手的拦截而使旺季市场的竞争更残酷、更激烈，给企业和营销人员带来了更多的挑战和压力。究竟谁能胜出，就要看谁能在渠道为王、促销争霸、团队运动的战役中做出高质量、高水平的营销谋略与执行标准。

第 8 章

搞定经销商

8.1 经销商的选择

为什么有的企业能够与经销商同甘共苦，一起做大市场、做强品牌、做足销量？为什么有的企业与经销商合作，相互不满、彼此掣肘，最后市场不温不火，产品动销艰难，品牌难成气候？

选择大于努力。对厂家，尤其是弱势品牌的厂家来说，在选择经销商时，一旦选择不当，想在相应区域市场有所作为，不仅困难，还容易形成骑虎难下的局势。

我们来看看厂家选择经销商的常规性标准。

一、选择经销商的常规性标准

（一）考察经销商的“六力一心”

（1）实力：经销商要有较强的资金实力，资金实力直接影响发展速度与发展规模。

（2）信誉力：无论是在同行中还是在上下游合作渠道都有着良好的合作信誉度，信誉好坏直接影响厂商合作及渠道合作。

（3）网络力：经销商网络健全，有固定的餐饮酒店、流通终端、烟酒店及乡镇二级批发商网络等。

（4）配送力：经销商要有较强的配送能力，拥有一定数量的送货车辆，对二级批发商或终端能快速配送或铺货。

（5）行销力：行销能力强，对产品推广有一定思路与经验，有成功经验的经销商为首选，可采取弹性的合作方式。

（6）管理力：经销商有很强的终端管理意识和服务意识。对业务人员的管理，管到“每个人每天的每件事”；对客户的管理，管到“何时进货，何时销完，什么价格销售”。

（7）事业心：经销商要有很强的事业心，经销商的决心、毅力和对事业的投入程度通常与市场的培育程度成正比；经销商愿意把生意当成事业做，没有“小富即安”的心态。

（二）考察经销商的合作意识

经销商对厂家的合作意愿和态度，决定厂商合作的基础，没有意愿，什么事情都很难做成。经销商对本产品有浓厚的兴趣和信心，并认同厂家的营销理念、渠道策略和价格策略。同时，还要把握在同一个经营类别中，经销商如果选择独家代理，要注意经销商有没有与之产品及价位冲突的同类品牌，以及该品牌的地位与价值，能否把本品牌产品作为该品类或同一价格档次中的主推品牌。

（三）锁定目标经销商

（1）基本资料。经销商姓名、地址、手机号、传真、办公电话、微信、QQ等详细信息。经销商性质：个体户、挂靠、公司？如果是公司，是股份公司还是国营单位？

（2）管理状况。组织结构（部门设置）。销售人员数量：业务代表多少人？专职促销多少人？

（3）经营方式。经销商的销售渠道，确定主要销售方式，是直销为主还是分销为主。经销商操作区域：要求哪些区域？哪些区域直销？哪些区域分销？

（4）经营品种。经销商现在操作的主要品种是什么？操作情况如何？是如何操作的？经销商是否操作过同类产品？操作情况如何？同类产品价格、代理政策、销量如何？有什么问题？为什么不做了？

二、厂家与经销商需求焦点分析

找到了经销商就一定能选择合适的经销商吗？答案是否定的。厂家和经销商的市场行为有很大的差异。

（一）厂家关注的焦点

厂家要的是市场占有率，无论从速度、广度还是深度；厂家要的是销售规模，无论从回款数量、客户质量还是终端销量。

厂家埋怨经销商不够重视和不主推自己的产品，不能达到最佳的铺市率、动销率、回款率；埋怨经销商除了要费用、拖延货款、窜货乱价外，再也没有“成绩”了；埋怨经销商截留促销费用、市场支持不够。

（二）经销商关注的焦点

经销商首先考虑的是利润，现成的利润、眼前的利润、短期的利润，然后才能真正思索厂家关注的市场问题、品牌建设问题、销售规模问题。

经销商埋怨厂家广告力度不够、人员支持不足、促销力度不大等；如果厂家充分支持，严格管理市场，经销商又开始埋怨厂家直控终端，让经销商仅做货物中转站、义务搬运工，没有可观的利润。

焦点的差异，造成厂家和经销商不能很好地合作，也造成厂家在不同销售阶段偏爱不同的经销商，经销商在不同的时期与不同的厂家的合作关系也不同。

（三）厂家和经销商之间的矛盾根源

现阶段各自目标、思路、方向、能力等方面的差异导致矛盾。企业现阶段追求规模，经销商要求现阶段利润最大化，双方无法达成共识就彼此埋怨。企业现阶段要求利润至上、现金为王，经销商追求网点扩张、占领山头，双方无法相互照应，彼此拉对方的后腿。

可见，厂商之间的合作就像婚姻，只有双方都满意，才能组建最幸福的家庭。

三、分析4类经销商

厂家或经销商如何选对自己的另一半呢？这里以中小企业选择经销商

为例，分析四类经销商。

（一）豪门大院型

有钱（资金）、有势（网络）、有人（销售员）、有车（配送工具）、有地位（品牌形象）。

（二）门当户对型

双方实力相当，彼此牵制，有商有量，有吵有闹，共同进退。

（三）纸老虎型

表面风光，到处炫耀自己的生意、资金实力，其实空有一副皮囊，到处欺骗厂家。

（四）浅尝辄止型

看到新接手的品牌或新产品就想尝试经销，思维活跃、有激情、有魄力、但缺少耐心和恒心，在短期内无法取得理想成绩就会放弃。

传统的“六力一心”衡量标准，可能无法深入了解经销商对自己的产品的态度，无法决定厂家产品的命运。即使经销商的这些指标都是满分、都是真实的，也是经销商目前经销的品牌，而非自己的产品，自己的产品的命运还是一个未知数。经销商对别人好，并不代表一定对你好，看到隐藏在经销商背后的东西才是关键。

四、经销商选择的 4 大新标准

对经销商的选择，除了依靠传统的衡量标准，还需要新标准。

（一）品牌差距比

品牌差距比就是在经销商所经营的品牌中，经营最差的品牌销售额和经营最好的品牌销售额的比例。这可以清楚地看出经销商对待各品牌的价值趋向、经营方向，知道经销商的最爱。

（二）网点增长比

对于门当户对型的经销商，厂家最关心他们的下游网点增长率。

门当户对，双方合作就会融洽，但是支撑经销商生命之源的却是下游网点。如果经销商下游网点增长率为负增长或增长缓慢，这样的经销商即使很听话，也要看能否跟上企业的步伐，能否把企业的产品带入良性市场。

（三）合作资信比

要关注纸老虎型经销商对上游厂家、对下游网点的资信比。

（四）销售增长比

对于浅尝辄止型的经销商，厂家最在意的是他们的销售增长比。分析这些经销商近两三年销售额的平均增长比，判断、分析这类客户。分析他们认真经销一个品牌时，会取得什么样的结果。

8.2 经销商的谈判

在区域市场实战中，销售人员如何在与经销商的首次谈判中，留下深刻的印象呢？

一、谈判前的4大基础准备工作

大家都知道，选择经销商最困难的是促成经销商的合作意愿。很多业务人员准备得不充分，在锁定经销商候选人后，只是简单地介绍公司的产品、政策。所以，在区域市场实战中找准攻击的目标固然重要，但如何花最少的代价赢得初始谈判的胜利？如何消除在初次合作中目标客户不信任品牌、怀疑产品质量、质疑销售保障、担忧厂家服务等？营销人员要根据企业的实际情况，针对经销商最感兴趣与最敏感的话题，做好充分的素材、话术准备和演练，然后与经销商谈判。

（一）知己

就是充分了解企业情况、产品情况、政策情况、市场策略、营销扶持培训等，如企业荣誉、企业实力、产品品种组合、价格与返利政策、渠道模式、销售人员的部署、营销推广计划、促销品计划、广告计划、客户培训等内容，让客户感觉企业市场营销方案系统、合理，增强可信度。

（二）知彼

整理经营情况（品牌、资金实力、主营业务、销售能力、营销意识、促销能力、商圈地位等）、人脉关系（与所经营品牌的厂商关系、社会关系、团购网络等）、个人信息（性格、爱好、禁忌、生日），进行综合分析，找出谈判突破口。根据掌握的信息和谈判的目的，分析权衡双方利益，准备三套双方都能接受的备用方案。

（三）知市场

当地人口数、行政区划、收入水平、当地支柱产业；有多少个批发市场、多少个终端、分布在哪里，各个批发市场的货物流向所在（有的批发市场专走外埠，有的批发市场专覆盖市区）；大约有多少家烟酒店、超市、酒店，进店费等渠道费用的大致情况；当地其他市场特点（如有几个购买力极强的大家属区、大单位等）。

（四）知竞品

充分掌握主要竞争品牌的产品包装、价格、功能、卖点、销售利润情况；了解竞品哪个渠道销量最好、哪个渠道销量最差、哪个渠道尚有空白；了解竞争品牌哪个产品品项卖得最好；了解竞争品牌采取什么助销模式，派驻多少人，有没有设办事处、分公司……充分把握竞争品牌的优劣势，找到支撑产品成功上市的着力点、抓住切入机会，打动经销商。

二、成功谈判的8项注意

销售人员在谈判过程中，必须充分把握谈判过程中的细节，有张有弛地与客户谈判，消除对方的疑虑，破解对方的“圈套”。

（一）第一印象

热情大方、不卑不亢，给客户留下较好的第一印象。

（二）鼓动客户

鼓励客户谈一下自己的创业史、公司发展的现状、对当地市场的看法，大多数经销商谈起自己的“当年勇”都会滔滔不绝，在这个过程中既能拉近关系，又能全面地掌握该客户的第一手资料，以及找出该客户对新产品的需求，从而有针对性地介绍产品的卖点（不同的客户对新产品的需求是不一样的：有的想找一个高利润的产品，有的想弥补产品组合的缺陷，有的想借新产品开发新渠道等）。

（三）把握客户需求

根据客户的需求介绍产品的卖点和竞争优势。

一是经销商认为产品不错，能够轻松打开销路，减少经营风险。

二是经销商认为经营该产品能够轻松赚钱且利润不错，有经营价值。

三是经销商认为公司营销思路与自己的需求不谋而合。

四是经销商认为能带来利润之外的收益（如培训、网络扩张等）。

（四）打消客户的初级顾虑

一般来说，经销商的抗风险能力不强，很多经销商都是从个体户发展起来的，赚的都是血汗钱，对销售新产品很慎重。他们一般会先考虑经营风险，然后再考虑赚钱，喜欢和大企业合作，总想让厂家承担经营风险。

经销商一般会考虑如下几个问题：

一是产品质量、口感怎么样，是不是有市场需求?

二是厂家有什么支持，会不会预投市场费用，会不会兑现承诺?

三是厂家的市场操作思路是什么? 产品能不能卖得动? 卖不动怎么办?

这时，就要看业务人员的前期准备工作做得怎么样了。

一是品尝法：让客户亲自品尝，用产品质量打动客户。

二是事先说明是否负责调换货及退货。

三是向客户介绍企业的历史、发展现状、成功的样板市场、动销策略、信誉度，以及可持续发展的经营实力。

(五）应付客户的讨价还价

经销商对新产品感兴趣，就会想办法从厂方争取到更多的费用和资源，常见的话题如下：

一是厂家的广告投放力度。

二是是否提供铺货支持、产品陈列费支持。

三是库存产品处理。

四是费用的承担问题。

五是独家经营问题。

六是促销费用支持。

七是有无人员支持。

只要是能想得到的费用或好处，经销商都要纠缠一番，可是，客户讨价还价，就说明他对产品动心了。此时，你不要认为客户是无理取闹，一定要沉住气。针对客户提出的过分要求，只用一句话就可以挡下了——羊毛出在羊身上!

（六）确认谈判目标

确立一个正确的目标，然后在正确目标的驱使下用正确的方法才能达成最终目标。在错误目标的诱导下，即使有正确的方法也不会成功。正确的目标分解是谈判顺利推进的前提，瞄准目标、看透问题点、找对方法是谈判高效化的核心。区域市场谈判目标如表8－1所示。

表8－1　区域市场谈判目标

序号	客户目标	客户关注点	谈判目标
1	争取区域总经销权	能否得到总经销权？范围有多大？业务代表是否有权决定？厂家的要求是什么	客户有多少网点？能否上量？各种销售活动的配合能力怎么样？力争符合厂家的区域代理商的要求，实现首期回款
2	要求独家经销	能否保证在本区域市场独家经销，以获取较好的支持	能否满足抢占市场份额的需求，如客户在当地市场拥有绝对的占有量，可独家经营，反之则要让客户经营但不独家经营
3	给予一定额度的铺货、陈列及生动化支持	能否保证一定额度的铺货、陈列支持	铺货后能否快速销售？首先保证不铺货，如确实需要就要协调好铺货的额度及控制任务；陈列根据终端数量、分类情况，但需根据终端陈列协议报销
4	自身扩张的需求	能否提供更大的支持实现自我扩张，能否保证市场秩序	可以进入，但需签署市场管控协议
5	只追求单件利润	每单能赚多少钱	不能上量，进入后需要在同市场引入竞争对手

（七）找寻共同利益基础

找到谈判双方的共同利益基础，各自可能坚持的部分和可以让步的部分，最好将其划分为几个台阶，并制订好底线，估计每个台阶能获得的筹码。

（八）找寻双方可接受方案

根据制订好的各阶段的谈判重点，分析可能出现的冲突，分析冲突的真正原因，然后制订针对性的解决方案，方案一定是双方都可以接受的。

三、成功谈判需具备4大意识

区域市场经销商有自己的特点，在首次谈判中，重点需要从细节入手让客户有安全感，谈判的过程中根据其特点和核心利益点，构建每个谈判冲突的解决方案。谈判阶段不同，关注点也不同，故谈判要抓住每个关键点，了解分歧的真正原因，才能为下一次的成功找到筹码。所以，要想获得首次谈判的成功，营销人员必须具有以下意识。

（一）说好每一句话

怎么开场？在谈判的过程中如何把握节奏？谈判出现冲突的时候如何回旋？如何让步？如何逼对手让步？说好每一句话才能保证顺利实现谈判目标。

（二）细节决定成败

注意谈判环境，准备谈判资料，确定谈判参与人员等。笔者经常看到，一些业务代表踏进客户办公室，也不看旁边是否有竞争对手就开始谈判。

（三）斗智斗勇

谈判的过程是“施”与“舍”、“合作”与“冲突”的过程，是互惠的但不一定是平等的，不一定平等但一定公平。所以，谈判的人要有斗智斗勇的意识。

（四）注意总结

每个阶段结束后都需要总结，哪些是双方达成共识的？哪些是对方再次让步的？哪些是自己可以让步的？充分总结后，提交可行性方案从而实现目标。

四、不要轻视首战谈判的实战模拟

笔者在实际工作中看到，营销人员因为没有做好准备和模拟演练，三个回合就败下阵来。我曾见一个营销人员在与客户的首次谈判中，在合作方式、进货数量、促销支持等方面达成共识，打算签协议时客户提出降价是否补差的问题，该营销人员的脸上露出惊讶的表情，显然没有料到客户会问这个问题，谈判的结果不言而喻。如何取得首次谈判的成功？关键在于灵活运用准备的资料，如表 8－2 所示。

表 8－2　新客户谈判常见表现形式及应对方案对应表

序号	客户表现	客户托词	应对方案
1	怀疑品牌	品牌在当地市场没有地位（没听过）	企业宣传、品牌宣传、行业形势分析；善于借势，利用其他经销商的客情和资源
2	怀疑产品	产品质量怎么样（产品好不好卖），能不能保障服务	专业的产品讲解，实力宣讲、推广思路；利用其他经销商口碑传播及公司在其他市场的成功案例
3	担忧销售	能不能保证独家做？产品有问题能不能退？旺季结束后能不能退货？降价补不补差	缺少安全感，看重单瓶利润，故详细讲解公司的产品管理策略、市场运作办法、有利的销售政策；他山之石，可以攻玉；与竞争对手对比
4	讨价还价	打款 20 万元，能不能给展柜、门头、促销政策、促销人员？单品买断操作能不能追加一个点的返利	讲解公司政策，利润来自销量；巧妙包装，手里留饵；设好底线，迂回补偿
5	对比拖延	××品牌的支持力度比你们大，我再想想	综合对比自己的优势与客户所说的××品牌，以己长比其短；采用激将法或借力定决心（请上一级领导或其朋友与对方面谈，促成合作）等方法

五、破解谈判冲突的 7 大策略

区域市场开发的过程中，业务代表在信息的搜集、分析、整合、对象的选定方面做了大量工作，可在首次谈判中遇到对方突然发难让谈判陷入僵局，如何做才能使谈判的效益最大化呢？

（一）突出合作安全性

在首次谈判的时候提前预测经销商在谈判过程中可能出现的忧虑，并抢先说出经销商的忧虑，这种谈判技巧在心理上占了上风。

（二）两手准备

市场调研阶段结束后，在选择对象的时候，锁定一个对象的同时，需找两个对象作为候补，一方面可以增加谈判的砝码，另一方面可以避免谈判失败后一无所获。

（三）刚柔相济

在谈判过程中，谈判者的态度既不能过分强硬，也不能过于软弱，前者容易刺伤对方，导致双方关系破裂，后者则容易受制于人。谈判中有人充当“红脸”角色，态度强硬，有人扮演“白脸”角色，态度温和。“红脸”狮子大开口，不留情面，争得面红耳赤也不让步。“白脸”则态度和蔼，语言温和，处处留有余地，一旦出现僵局，便于从中斡旋。

（四）拖延回旋

在谈判中，有时会遇到态度强硬、咄咄逼人的对手，对这类谈判者采取拖延交战、虚与周旋的策略，即通过许多回合的拉锯战，使趾高气扬的谈判者感到疲劳，逐渐丧失锐气，同时使自己的谈判地位从被动变为主动，等对手精疲力竭的时候再反守为攻。

（五）留有余地

在谈判中，如果对方向你提出某项要求，即使能全部满足，也不要马上答复，而是先答应大部分要求，留有余地，以备讨价还价之用。

（六）以退为进

让对方先开口说话，说出所有的要求，我方耐心听完后，抓住其破绽，再发起进攻，迫其就范。在局部问题上可先做出让步，以换取对方在重大问题上的让步。

（七）利而诱之

根据谈判对手的情况，投其所好，施以小恩小惠，促其让步或最终达成协议。请客吃饭、观光旅游、馈赠礼品等虽然是社会生活中的家常便饭，但实际上是在向对方传递友好的讯号，是一种润滑剂。

8.3 经销商管理

管理的本质在于服务。经销商管理同样在理不在管，理顺厂商之间合作的需求点，寻找共同的契合点，助推厂商之间的合作，才是经销商管理的本质。

一、管理经销商的终极目的

厂家管理经销商的目的是什么？是为了让经销商听话？错！管理经销商只是手段，销量与市场才是目的！

经销商经营的目的是什么？销量与利润。

区域经理工作的目标是什么？销量与市场。

经销商的终极需求与区域经理的终极需求大同小异，有共同的目标与利益，必须相辅相成。

所以，区域经理的工作就在于将市场目标、业绩目标、经销商的经营效益统一起来，统一于市场的基础工作，统一于消费者的认知购买，调动多方面的资源在市场竞争中攻城略地。

因此，也可以得出这样的结论：区域经理的工作等于帮助经销商做好市场、卖掉产品、赚到钱。只要能帮经销商做好市场、赚到钱，所有的管理问题都能迎刃而解。

有人反驳："经销商做我们的产品一年赚几十万、几百万，基本上不把我们放在眼里，更别说配合工作、服从管理了。"

我只能反问："你对经销商的经营及市场管理起到哪些促进作用和指导作用？你有没有掌握渠道？光靠耍嘴皮子、搞关系、摆领导架子、没有真才实学、光靠厂家实力当后台的区域经理是没有生存空间的！"

欲取先予。要想让经销商听话、服从管理，就要先满足经销商的需求，帮其做好市场，卖好产品，赚到钱。所以，管理经销商的终极目的就是帮助经销商成功。

二、经销商不配合工作怎么办

遇到那些既不不配合工作，又不服从管理的经销商怎么办？换掉他？不！通过你的能力，帮助经销商赚到钱才是最好的管理方法。厂家与经销商的关系就像小两口过日子，难免吵吵闹闹，我们不能一见不和就要求分手。

（一）经销商实力是否匹配

看看经销商有没有供我方开发市场使用的资源，包括资金、车辆、人力、仓储、渠道等。

（二）经销商合作意愿强不强

目前，经销商是否在意我们的产品，还有没有继续合作的意向。

（三）有没有机会东山再起

综合分析当前的市场条件及双方的资源优势，通过共同努力，有没有希望打败对手、占领市场。

（四）以公司在当地市场的影响力，能否找到更有实力的经销商

有实力的经销商就真的好吗？找到更有实力的经销商，对方就会重点推广你的产品吗？很多大经销商对待新产品就像狗熊掰棒子，看见一个掰一个，掰一个丢一个。很多优秀的新产品都死在“忙不过来”的大经销商手里。

（五）更换经销商能否真正解决问题

很多时候，更换经销商并不能解决市场的根本问题，反而更加被动。具体问题具体分析，找到问题的根源，对症下药，转变经销商的思想，缓和合作关系，让经销商主动按照厂家的思路把市场做好才是正道。

（六）为什么不试着从自身找原因

任何问题和矛盾的产生都是有一定的历史条件，并有其客观原因的。一般来说，经销商追捧知名品牌及热销产品还来不及，怎么可能不配合工作？这只能说明该品牌在当地没有影响力、销量一般，或者在合作的过程中，厂家有很多做不到位的地方，最根本的原因是经销商不赚钱。这时，我们必须思考以下问题：

（1）是否存在拖欠经销商的费用、销售人员和经销商发生不正当财务关系等问题。

（2）市场问题不处理、发货不及时、给经销商开空头支票、经销商的

库存过大、厂家的促销政策迟迟不到位等，从而引发经销商不满。

（3）市场推广方法不对路，多次进行大规模的市场推广没有效果，厂家缺少对市场的支持，经销商对产品缺乏信心。

（4）区域经理开展工作过于高调，摆领导架子，看不起弱小的经销商，伤害经销商的自尊心，让经销商反感。

（七）经销商的关键问题是什么

一个巴掌拍不响，任何问题都不是单方面造成的，只是某一方把问题或矛盾激化了。下面，我们来看看经销商层面容易出现的症结。

一是资金紧张，流动资金跟不上。

二是态度不端正，对产品不重视，代理多个同类产品或正在被竞品厂家拉拢。

三是内部管理混乱，市场工作“三天打鱼，两天晒网”。

四是受经营思路的影响，难以突破市场。

五是服务意识差，渠道网络口碑差。

六是存在侥幸心理，违反厂家规定，低价向外地市场冲货、拦截厂家费用等。

七是业务团队薄弱，执行不力等。

所以，经销商不配合工作，必须从市场层面、机会层面、品牌影响力层面、经销商层面、企业自身层面等综合分析，对症下药，帮助经销商解决本质问题才是关键，更换经销商并非上策。

三、真正的管理源于有原则的帮扶

先看我的朋友李总管理经销商的案例，他是如何从端正经销商的态度，转变其经营思路，再到帮助其开展市场基础工作，并协助经销商将一个濒死市场救活的，解析经销商管理的本源。

（一）历史背景和市场现状

5 年前，李总在一家国内知名的饮料企业担任区域经理（现在是这家企业的营销总监)，负责开发江西市场。竞争品牌由于进入市场较早，有竞争优势，在市场上设置了很高的防御堡垒。而李总公司的产品，虽在全国范围内属驰名品牌，广告力度也很大，但在江西市场的知名度并不高。同时，由于前期部分经销商对市场不负责任的操作，产品的美誉度也不高，加上招商门槛较高，江西市场招商比较困难。

为了短期内突出重围，企业只有充分利用现有的经销商，争取打造几个样板市场，让那些一直观望的经销商看到希望，同时带动周边市场的招商工作。

在这样的市场条件下，李总被派到了 LP 市场。LP 是一个拥有 80 多万人口的县级市，可产品在当地的销售额一个月只有 2 万元，基本上是一个处于死亡边缘的市场。

（二）了解经销商的苦恼

李总见到 LP 市场的经销商王老板，经过寒暄后，基本了解了王老板的苦恼。

一是厂家对市场没有支持，既不给人又不给费用，竞品强势，市场没法做。

二是厂家对市场不负责，半年了，没见过一个厂家的人。

三是厂家的业务经理开空头支票，上次来的业务经理，到市场上转了一圈就花了 1 万多元的市场费用，但销量还是没有变化。经销商找厂家报销，回复是那个人已经不干了，没有上级领导的批复报不了，1 万多元就这样打水漂了。

四是去年年底，公司要求压货，那批货到现在还没卖完，马上就要过期了。

五是去年有一批货有质量问题，公司不管，全是王老板自己收回来销毁的，公司后来说给补偿，现在都半年多了，一点儿信都没有。

六是临近的 H 市窜货，王老板都跟公司汇报很多次了，至今都没有处理。

七是为了生存，又勉强接了几个新品牌，每月平均5万元的销售额，有三个销售人员、两辆车、一个门面、一个仓库，新品牌是杂牌，虽然量小但利高，能够维持生存。

八是市场越来越难做、竞争压力越来越大、终端越来越强势、批发市场取货的人越来越少、经营成本越来越高、赚钱的产品越来越少等。

听完王老板的诉苦，李总安慰王老板，告诉他只要找对方法，没有做不好的市场。以前，市场没有做好，主要是公司对江西市场不重视、没有重点开发，但王老板也需要从自身找原因，是不是方法不对路，并列举自己亲自操刀的安徽的H县的案例，小县城总共就几十万人口，一个月的销售额就有100多万元，激发王老板的斗志。

王老板虽然憨厚、啰唆，但是一个容易激动的人，很快有了斗志，表态只要公司愿意打造LP市场，就算砸锅卖铁也会全力配合；只要李总方法对路，自己为他马首是瞻。

（三）思考对策

回到宾馆，李总陷入沉思，在这样的市场条件下，换户比较困难，即使能找到有实力的经销商，人家也不一定会用心做。现在的策略就是扶持王老板，如果他是一个“阿斗”，那就再骑驴找马吧！于是，李总决定先在王老板面前树立威信，让他相信自己的市场操作能力，而且要赶快帮王老板解决遗留问题，对公司以前没做到位的事情给一个承诺，约定解决的期限，消除他对公司的不满。明确地告诉王老板：“现在已经正式开发江西市场，广告投入及市场基础投入方案已经定下来了，市场的前景是光明的。”

（四）答案就在市场中

如何解决王老板的问题呢？没有调查就没有发言权，李总决定亲自走访市场、发现问题，并制订出市场开发方案。

吃过午饭，李总就去转店，做初步的市场调查，发现的市场问题如下：

一是王老板只顾眼前利益，经常代卖其他商户的产品，同时经销一些“三无产品”，而且售后服务一般，在终端，他的口碑很差。

二是在竞品进入市场较早并占有绝对的市场优势，而本公司的产品市场基础较弱的情况下，与对手正面交锋有些不明智。

三是王老板的人力、物力、财力有限，费用投入分散、混乱，缺失亮点，加上竞品强势，业务开展更加艰难。

四是不重视学校、网吧、大商超等重点渠道。

五是乡镇市场——这个销售巨大且竞品防守较弱的市场迟迟没有开发。

（五）转变经销商的思路

深度调研后，李总对王老板的市场开发及经营思路提出了几点建议。

一是放弃所有的杂牌产品，专心把公司的产品做好，单品牌突破才有机会。

二是暂缓对大商超、餐饮的投入，在费用有限、敌强我弱的情况下，不和竞品打消耗战。

三是加强终端产品陈列，重点打造校园店、网吧、车站及部分C、D类店，打造自己的优势渠道。

四是将乡镇市场的开发上升到战略高度，发挥价格优势，快速占领农村市场。

总之，集中优势力量，从竞争品牌的薄弱环节入手，逐步开发，才是取胜之道。

李总又讲解了一些通过上述策略成功的市场案例，以及优秀市场成功的经验，王老板虽然不太明白，却热血沸腾。

思路本身并不能创造价值，关键在于落实，确定方案、制订标准、高效执行、目标管理，细节决定成败。

（六）突破市场的关键是业务团队

基层业务人员的执行水平决定了市场工作的质量，突破市场的关键是打造一支充满激情和战斗力的业务团队。

一是团队激励。召集经销商和销售人员，讨论目前市场开发存在的问题及内部管理问题，听取销售人员的建议，肯定他们的工作成绩，提高销售人员的提成比例，并从市场费用中拿出一部分对业绩突出的销售人员进行奖励。最后，谈产品的市场卖点和竞争优势，鼓励大家将它打造成当地市场的第一品牌。开完会后，销售人员平日里无精打采、懒洋洋的状态一扫而空。

仅有热情而没有目标是盲目的，有了目标没有方法则是危险的。

二是团队培训。就产品知识、铺市技巧、陈列标准、客户开发、维护等给销售人员做培训。

三是以身示范。"理论"与"实践"有一定的距离，而"标准"和"榜样"是实现"知行合一"最好的方法。于是，李总亲自带领5名销售人员去铺市、理货、调整陈列、谈判，并反复对他们讲："成功是不可以复制的，但成功的经验和方法是可以借鉴的。"每个人都要根据推销对象的特点，结合产品的卖点和自身的优势，总结出一套推销技巧。

四是跟踪指导。对刚参加完培训的销售人员来说，培训的内容很难立即被消化，所以，培训后的跟踪、指导非常重要，纠正错误、强化标准。

五是实战锻炼。销售是一项实践性很强的工作，销售技巧只能在实战中提高。

（七）科学的市场策略和可行性的推广方案

区域市场成功开发除了要有优秀的业务团队外，还要有科学的市场策略和可行性的推广方案。

一是细分销售渠道：超市卖场、B类连锁店、C/D类便民店、餐饮店、宾馆招待所、夜场、网吧、车站、报亭、冷饮店、校园店、批发市场、乡镇二级批发商、乡镇直供超市、农村小卖部等。

二是收集整理终端信息，包括客户资料、消费者反馈意见、竞品信息及促销活动、本品现状、消费环境及趋势、分析竞争环境和格局等。

三是通过对市场的调查，李总和王老板制订了以下市场突破策略。

（1）有针对性地开发竞争压力较小的乡镇市场的重点超市。重点投入、打造样板店，并以此吸引有实力的乡镇二级批发商。

（2）快速抢滩乡镇市场，建立健全乡镇二级批发渠道。在部分乡镇市场，可利用产品的利润高于竞品的优势，以及二级批发商忠诚度差的特点，挖竞品的墙角，实现深度分销。

（3）建立激励性的销售制度，以此激励二级批发商快速登陆农村市场，形成“农村包围城市”的销售格局。

（4）城区市场则在车站、校园、网吧、快餐店等进入门槛低、投入少、产出高的渠道，与竞争对手打攻坚战。

（5）选择部分生意好，销量大的C、D类零售店进行特殊陈列，重点打造社区样板店，逐步提高小店的铺市率及成活率，做到现款现货。铺货网点的陈列必须优于竞品，必须张贴POP等终端宣传物料；必须做周期拜访，做好服务，维护好客户关系。

（6）暂缓投入酒店等渠道，等其他渠道取得了阶段性胜利，有了费用支持、业务团队壮大后，再和竞品直接竞争。

在确定了整体思路后，李总和王老板又根据实际情况制订了详细的促销方案、执行计划、考核办法。

1个月过后，王老板的销售额为15万元，比上个月直线增长650%，比去年半年的销售额都高。3个月后，徘徊在20～25万元，LP的市场基础工作已经见成效了，但市场还需要强化，以图突破市场。

四、经销商管理的6句箴言

从李总的经销商管理经验可以看出，做好经销商管理主要是态度问题，不要指责、埋怨、要求经销商，而是为经销商提供市场营销思路，并帮助经销商抓住细节。

（1）对经销商来说，优秀的区域经理既是军师又是老师。区域经理用企业文化武装经销商的思想，端正经销商的态度；协助经销商做好市场策划，理顺工作思路；帮助经销商完善管理，做好经销商业务团队培训；用销售利润和销售政策激励经销商积极、主动地做市场，监督经销商落实公司的市场政策及促销方案，用公司的市场管理规定约束经销商。

（2）不要把管理两个字挂在嘴边。很多时候，经销商的社会经验、年龄、个人成就等都远超我们，他们也爱面子，我们可以换一个方法“沟通”、“合作”、“双赢”。

（3）反思自己为市场和经销商做了什么？不要只用回款衡量经销商，先反思自己的工作是否做到位了。市场工作做到位了，回款找你；没做到位，你找回款！

（4）不要总盯着经销商口袋里的钱，要把眼光放长远，只有消费者在终端肯掏腰包，回款才有保证！

（5）为别人的利益奋斗，自己才能获得利益。区域经理要代表公司，完成公司下达的销售任务和市场指标；要代表经销商的利益，帮经销商赚钱；要代表自己和销售人员的利益，超额完成销售业绩，让自己和销售人员都赚钱。把这三方面的利益和资源统一到具体的市场工作中，才能获得成功。

（6）完成销售回款任务与管理好经销商的最好办法就是操作好市场、卖掉产品、帮客户赚到钱。

第9章

模式制胜

9.1 深度分销的奥秘

同样是深度分销模式，为什么有的企业营销成本疯狂上升、经销资源浪费导致市场不作为或走上衰退的道路，有的企业却能快速突破、迅速发展，走在行业前沿呢?

任何事物或模式，都有其本质规律与逻辑。我们在实际运行过程中，一旦偏离其本质规律，都会遭遇被动或不利因素。

深度分销的本质是区域滚动销售（Area Roller Sales），而且是厂商联合的滚动式开发与培育市场，取得市场综合竞争优势，成为区域市场第一的有效市场策略方法。深度分销的关键层面是厂商联合与滚动发展，一旦脱离这两个关键层面，很容易造成营销成本急剧上升，进而导致深度分销模式夭折。区域滚动发展如图 9－1 所示。

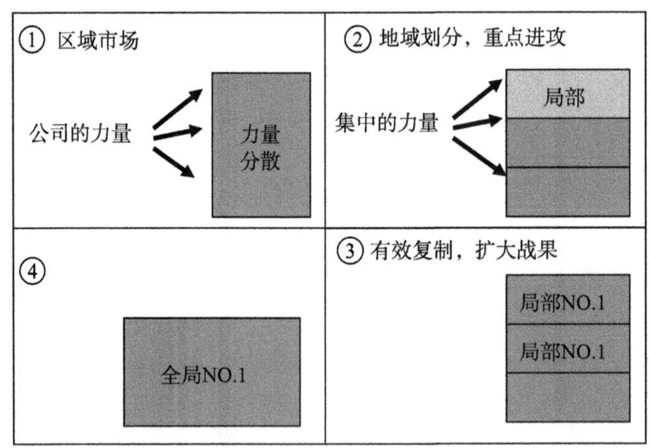

图 9－1 区域滚动发展战略

任何模式都不是随便复制的，在复制前，要找到匹配的复制基因与运作规律，才能确保模式成功。

一、产品低成本

深度分销产品多属于大众型产品，价格带一般聚焦在30元以下的产品，满足绝大多数消费者的市场需求。所以，但凡实施深度分销的产品都是大众化中低档产品，在包装与酒体设计上不追求差异化。很多人反映稻花香、枝江、金六福、老村长等品牌包装一般，不仅外包装材料一般，瓶型、材质也很普通，酒体也没有变化，一律浓香型，成本很低，是典型的低成本战略。

二、品牌大传播

研究发现，但凡深度分销比较成功的白酒企业都采取大品牌战略，在品牌推广上采取大一统、大传播的营销手法，依靠品牌拉力促使产品快速动销。具体表现为品牌定位具有普适性的价值观，如老村长的“好好生活，天天向上”，金六福的“中国人的福酒”，稻花香的“人生丰收时刻”，枝江的“知心知己枝江酒”，劲酒的“劲酒虽好，可不要贪杯”等。品牌推广层面注重推广的势能、快速传播与影响力，多采取全面覆盖或某些推广形式极致化，目的是使产品快速动销。最常见品牌宣传有车辆的喷绘广告、宣传物料（包括POP、条幅、写真板、吸塑画等）、终端门头店招、产品陈列。

三、价格低端化

主要考虑普通消费者的日常实际消费能力，也就是要选择普通消费群体最容易接受的价格带，通过促销手段或广告传播，不需要花费太长的教育周期。所以，能够深度分销的产品价格带一定是中低端价格带——5～30元，很难想象一个城市的工薪阶层或农民阶层将60～100元的白酒作为消费主导产品。

四、氛围强势化

深度分销产品的销售终端表现多元化，既有酒店终端，又有超市终端，还有一些小型零售终端。在这些终端中，依托强势的生动化建设营造旺销氛围，保持品牌活力和长久的销售力；依托终端生动化促使消费者“冲动性购买”，提升终端销量；传播促销信息，引导消费；抢占优势展示位置，实现终端拦截，遏制竞品造势。

五、促销频繁化

如何激发渠道接受热情与消费者购买的积极性呢？自然离不开渠道促销与消费者促销。所以，无论渠道促销还是消费者促销，深度分销的企业都表现得比较活跃、积极。深度分销企业依靠频繁的、有节奏的渠道促销对销售终端压货，合理地占有终端库存；通过一波又一波的消费者促销活动，提高消费者的购买率，提高终端的销量和销售的积极性。尤其是在节假日期间，消费者促销活动是必不可少的，此期间往往是深度分销企业走量最大的时候。

六、资源匹配化

终端多元化与碎片化，导致人力成本与物流成本增加，缓解成本压力的主要方式并非工作效率而是销售成果，也就是扩大销售规模与提高单店贡献率。

采取深度分销的企业，往往是品牌表现比较成熟或企业计划内营销费用比较宽裕，采取深度分销模式比较容易成功。对成熟型品牌而言，产品动销往往不是主要问题，而是通过提高终端的深度与宽度，通过扩大产品覆盖面与提高终端服务质量解决销售增长问题。营销费用比较宽裕的企业，即使产品处于导入阶段，也能够支撑产品推广、人力资源配置、物流成本，否则，产品还没有成长为畅销产品时，还不能依托规模缓解营销成本，企业就无法承受深度分销带来的巨大成本，使深度分销模式中途夭折，这就是许多企业采取深度分销模式失败的主要原因之一。

七、组织分工化

深度分销重在“分”与“深”。“分”主要体现在两个层面：一是厂商层面的分工，二是商家内部组织的分工。

厂商层面的分工：深度分销最终的分销功能一定是落实到经销商层面的分销，而非厂家对市场的分销功能，否则就不是深度分销而是深度直销。在深度分销中，厂家扮演的角色是市场开发与市场推广的两大职能，而非销售职能，而销售与配送职能一定要落实到经销商或分销商。在初期阶段，厂家可以派驻一定数量的销售人员帮扶、指导经销商快速突破市场，一旦产品动销，厂家就必须有计划地转移帮扶经销商的销售人员，留守人员开发市场空白网络，而销售、配送、维护等工作职能就移交给经销商，否则就是一个变了形的深度分销模式。

商家内部组织的分工：深度分销操作模式往往要求经销商建立比较健全的营销组织，在新产品上市与新市场开发阶段组织职能相对模糊，随着市场扩大与动销加速，营销组织往往开始健全，职能也清晰了，满足区域市场的精耕与终端服务的深度要求。对经销商来说，深度分销需要大量战术执行性人才满足组织需要与市场需要。

八、市场聚焦化

深度分销一般适用于商业业态比较成熟的市场，尤其是大城市与开放性市场等。市场终端形态越规范，深度分销体系建立成本越低，因此，老村长、金六福、稻花香、枝江等白酒品牌喜欢通过大媒体运作构建渠道网络，减少实施深度分销的终端阻力。同样，深度分销也适用于城区，由于城区终端网点分布密集，操作成本较低，不太适用于乡镇、网点分散的地区，尤其是山区。深度分销就是集中力量对区域市场进行精耕细作。

深度分销属于人力资源密集型渠道战略，如果销售不能规模化，边际成本便无法降低，实施深度分销的系统利益便无法得到保障。所以，深度分销提倡片区聚焦、滚动发展、稳扎稳打，逐渐构建大区域市场。

九、管理标准化

只有通过标准化管理，才能使营销流程执行通畅，销售管理到位，营销成本依托过程管理得以降低，效率得以提高。所以，我们看到深度分销多是对通路中所有网点做到定区、定点、定人、定时、定路线、定数量等标准化服务与管理，全面管控市场产品的销售情况、同类产品竞争状况、人员工作情况等，使产品在销售通路中有竞争优势。

所以，任何企业在采取深度分销模式之前，都必须深度把握自己的产品、品牌、财力、市场等是否适合采取深度分销模式，否则，跟风式模仿与复制，很可能会给企业带来厄运。

9.2 盘中盘的本质

回顾近10年中国白酒营销发展之路，品牌从经营渠道到经营终端、经营消费，以盘中盘定义的白酒营销操作理论使市场竞争更加白热化，使白酒企业经营者和操盘手竞争到底的信念更坚定了。然而，就发展现状而言，形势严峻，驱使业界人士重新定位自己、重新寻找突破口和出路。

一、终端盘中盘解析

以强化酒店终端为理念，构建一个以总经销为市场运作的平台，强化经销商的市场运作能力，厂家直接运作市场核心旺销酒店，以核心酒店为小盘，通过设计合理且有较强驱动力的通路价值链与风险收益机制的对等原则和对市场整体的控制力与影响力等措施，以小盘启动市场大盘的操作系统简称终端盘中盘。

二、消费者盘中盘解析

直接对核心意见领袖进行营销理念的构建，并构建一套以总经销为市场运作的平台，强化总经销的人脉网络，将优质的企事业单位及其领导视为核心小盘，通过对企事业单位的公关、专供、客情、需求激励，通过媒体提升产品品牌价值等措施，培养核心消费群带动目标消费群，即小盘通过拐点启动大盘。

三、终端盘中盘与消费者盘中盘的对比

（一）经销商的资源与能力要求不同

终端盘中盘强调经销商拥有酒店网络，因为终端网络直接影响小盘的进展速度和质量。消费者盘中盘在经销商有酒店网络的基础上强调人脉网络，因为消费者盘中盘将优质的企事业单位及其领导视为核心小盘，人脉关系是运作小盘的核心要素。

实践证明，一旦经销商意识到人脉是消费者盘中盘的重要因素，其能动性可以完全弥补不足。

（二）营销组织和职能不同

无论是哪种盘中盘，都强调成立直销公司，直接控制核心小盘，但终端盘中盘直销公司的核心组织部门是酒店直销部和促销管理部，而消费者盘中盘直销公司的核心组织部门是团购公关部和品牌推广部。

终端盘中盘强调运作酒店终端，酒店直销部负责酒店的进店、促销和客情维护工作；促销管理部负责酒店内促销人员的招聘、培训和管理。酒店直销部的本质职能是建立小盘，而促销管理部的本质职能是激活小盘。

消费者盘中盘强调运作企事业单位。团购公关部负责企事业单位的公关、开单、专供、客情等工作；品牌推广部负责区域市场品牌形象宣传、规划、上市酒会的举办工作，二类软文炒作，扩大品牌影响力，为团购公关做市场支持的基础性工作。团购公关部的本质职能是小盘落地，品牌推

广部的本质职能是小盘传播。

四、传播的次序与内容不同

终端盘中盘的传播次序是终端概念传播在先，大众形象传播在后，前者是为了启动小盘并培养小盘口碑，后者是为了共振小盘，启动大盘。

消费者盘中盘的传播次序是大众形象传播在先，终端概念传播在后，前者为企事业单位公关提供形象支持、降低公关难度，后者为企事业深度接受、加深对酒的了解提供支持，两者的次序正好颠倒。

此外，终端盘中盘特别强调酒质本身的卖点传播，消费者盘中盘在保留酒的物理卖点的同时，强调传播社会形象，因为形象好是单位招待消费者中一个重要的价值需求。

五、终端盘中盘与消费者盘中盘的互动性

（一）终端盘中盘与消费者盘中盘的信息互动

终端盘中盘以核心酒店为平台，紧抓核心消费群，通过酒店平台掌握大量核心消费群的信息资料；消费者盘中盘以企事业单位为平台，通过人脉网络组织团体酒会，搜集了大量的核心消费群资料。终端盘中盘的核心消费群资料使消费者盘中盘的店外拜访和沟通成为可能，消费者盘中盘核心消费群资料使终端盘中盘店内服务和引导成为可能。终端盘中盘和消费者盘中盘形成信息互动平台。

（二）终端盘中盘与消费者盘中盘客情公关的互动性

终端盘中盘与消费者盘中盘通过各自的小盘培养，公关核心消费群，因为核心消费群的培养具有过程性和重复性，需经历多次引导和公关，所以，单个系统一次引导、公关成功难度较大。

终端盘中盘主要通过店内促销人员口碑传播、终端物料、促销活动进行消费引导，而消费者盘中盘主要通过店外的人脉关系、团体酒会、公关、客情、激励等措施进行团购工作。终端盘中盘的第一次消费引导创造

了消费者盘中盘的第二次客情公关，消费者盘中盘的第一次客情公关创造了终端盘中盘的第二次培养引导，双重引导公关及多次服务增强了核心消费群培养的过程性和重复性，同时使服务更有个性和针对性，降低了单个系统的服务难度，增强了培养的成功性。

核心消费群具有意见领袖的作用，有很强的影响力及带动性，具有广泛的人脉关系，所以对小盘的发展具有促进性和加速性。终端盘中盘通过店内服务，店内促销培养常客，消费者盘中盘通过店外公关、利益驱动、发展团购客户，通过客情互动使意见领袖由消费者变成朋友甚至合作伙伴，并影响和发动其他意见领袖，促使酒店常客变为团购客户，团购客户变为酒店常客，加速启动小盘。

（三）终端盘中盘与消费者盘中盘的传播互动性

终端盘中盘通过促销人员的说辞及促销物料传播产品的概念，让核心消费群认识产品、熟知卖点。消费者盘中盘通过团购人员、团体酒会、公关及利益驱动、大众广告的传播让核心消费群体验品牌价值。终端盘中盘通过店内推广让核心消费群认识产品。消费者盘中盘通过店外大众传播，加速终端盘中盘核心酒店形成口碑，也促进团购客户认同品牌价值。

（四）终端盘中盘与消费者盘中盘的小盘互动性

终端盘中盘的小盘为核心酒店，运作一定数量的核心酒店是为了找到一定数量的核心消费者。消费者盘中盘的小盘为优质的企事业单位，运作一定数量的企事业单位也是为了寻找一定数量的核心消费者。核心消费者是真正的小盘，社会大众是市场的大盘，从本质上讲，两者的小盘均为核心消费群。终端盘中盘培养的常客，消费者盘中盘进行追踪、公关，加快终端盘中盘小盘的形成，反之，消费者盘中盘培养的客户通过终端盘中盘店内的服务，也能激活消费者盘中盘的小盘。总之，小盘中，你中有我，我中有你，二者相辅相成，加速拐点的出现，加快启动大盘。

9.3　解读直分销

任何营销模式都有一定的适应性，需要根据市场情况做出相应的变化，否则会僵化、缺乏效率。大家对先进的营销模式了解得不少，但应用起来效果不好，很多人把它归结为文化问题。其实，问题的根源不是文化，而是对模式的规律、应用环境缺乏研究。

直分销的本质是厂商联动，直销和分销相互支撑，多渠道运作，以厂家直销重点终端为切入点，打造品牌形象和市场氛围，支持产品快速动销，形成对分销渠道的销售拉动，同时以分销渠道为上量基础，形成不同渠道间的高效互动。

因此，与深度分销模式相比，直分销模式更强调重点终端的开发及管理，在资源使用方面强调集中计划；与盘中盘模式相比，直分销模式更强调终端的广度、品牌的影响力、产品的推广速度及企业的盈利能力。

一、差异化的新产品突破，要集中产品突破

直分销模式的导入一般以新品牌或新产品为主，因为直分销模式需要重新规划渠道，划分“直”与“分”，同时又要保证产品具有合理的渠道利润以便快速进入市场，并形成品牌效应。这就要求模式不能受市场原有的负面因素影响，确保有一个好的开端。

直分销模式对市场的快速突破要求较高，否则分销难以顺利推进，无论是厂家还是经销商，都必须集中精力做好市场工作。所以，多产品同时导入市场会分散各方的精力、物力，难以突破，而且在品牌塑造方面，过多的产品也会使消费者无所适从。

直分销模式要求消费者快速记忆与接受新产品，所以，对产品要求特

点明显、具备差异化、品质好、口感适宜畅饮，多以私人聚会、一般性商务应酬为主。

二、价格大众化，匹配点面快速互动

直分销模式要求核心店及分销流通渠道（酒店、核心烟酒店铺市略早于分销渠道）同时运作，点面互动，相互支持，快速产生销量，因此，产品的价格定位必须具有大众性。价格定位过高必然导致酒店的铺货率降低，长时间难以动销；定位过低，酒店的利润率较低，推广积极性不够，企业也无利润空间支持市场投入。从目前的市场情况来看，30~80 元大众酒为适中价位，虽然不同市场可能有所不同，但企业制订的单产品价格体系应保持一致。

三、点面结合，快速打造品牌知名度

直分销模式的重点在于快速启动市场，要求品牌有一定的知名度或有配套的市场推广支持，否则经销商及渠道的信心、消费者的关注度在短期内难以突破。单纯依赖渠道促销，难以提高消费者的接受度，容易影响价格的稳定性，挫伤业务人员的能力与信心，市场容易成为“夹生饭”市场。

所以，直分销模式在新产品上市初期应以提升品牌知名度为主，广告媒体应注重点面结合，面上以电视媒体、公交车体、高炮、墙体广告、广播等为主，点上以店招、店内产品大陈列、店内氛围营造等为主。产品进入成长期，可以考虑事件公关的方式，形成口碑效应；品牌进入成熟期后，应注重保持品牌活力，广告诉求内容可做相应的调整。

四、核心终端重点突破，分销流通展示跟随

直分销模式把酒店终端和核心烟酒店作为产品的启动终端，重视渠道促销资源与品牌推广资源的投入，通过核心餐饮店、核心烟酒店创造销量，以及培育核心消费群体，扩大消费影响力。分销流通终端初期阶段仅

作为展示终端，营造消费氛围，众多的流通终端会帮助产品快速提高知名度，同时对消费者的心理产生影响，通过产品在流通终端的表现，判断大家对品牌的认知。一旦突破核心终端，流通终端才能迅速成为上量终端，取得更多的销量。自动自发消费本产品时，产品的品牌力真正形成，进而形成品牌忠诚度，形成持久而稳定的销量。

五、首选进入门槛低并易于启动的市场

直分销模式要求点面结合、整体运作及快速启动市场，对资源要求较高，企业初期应尽量选择进入门槛较低的市场。从目前情况看，县级市场的进入门槛及竞争激烈程度较低，应匹配市场点面结合运作策略；地级市场虽然市场容量大、渠道多，但品牌的培育难度高、周期长、进入门槛高，而且对企业的执行系统要求也高，只适合做次选方案；省会以上市场运作要求企业具备雄厚的资金实力，同时在直分销管理系统运营成熟的情况下，方可大规模运作，否则风险较大。

六、处于发展期的企业，最适合直分销模式

关于企业是先做大还是先做强的问题已有定论，在充分竞争的情况下，缺乏规模效应是无法满足大兵团作战要求的。

生存期的企业往往需要从低端产品入手，快速提升销量、分摊管理成本，达到盈亏平衡。在这个阶段，企业需要的是销售精英，讲究一地一策，灵活机动。直分销模式要求大市场运作，政策统一、步伐一致，处于生存期的企业无法做到。

处于发展期的企业，士气高涨、思想统一、变革难度较小、对新的运营模式接受快，这一阶段，企业应抓住时机调整产品结构、提高盈利能力、扩大市场份额，这是直分销模式导入的最佳时期。

成熟型的企业同样具备推广直分销模式的能力，但此时很多企业管理人员都是既得利益者，他们抵触变革，不愿意接受挑战性的工作。企业需要导入新鲜血液，提拔有潜力的、年轻的干部，采用事业部的形式独立运

作并进一步调整员工的薪酬激励机制。

七、前置性资源投入

直分销模式要求整体、快速地启动市场。为保证推进速度，前置性资源投入必不可少，如酒店进店费、广告投入、终端店建设、人员促销等，要求企业必须具备相应的资金实力及抗风险能力，否则资源不到位，便会引起负面影响。企业要有“金牛”市场，提供稳定的资金支持，或以其他融资方式保证前期运作资金。

八、组织匹配性

处于生存期的企业，通常采用人性化的管理模式，管理较为粗犷，对业务人员的约束较少。企业一旦进入发展期，必然要逐步规范，对业务人员进行制度约束，直分销系统更是如此。新的管理模式需要企业管理人员的推动，企业营销总经理至关重要。如果仅靠老板推动，一旦涉及管理系统的深入问题，很容易产生混乱。由于直分销模式直分结合，要求对市场进行细致管理，因此，企业需要设立相关的二级管理机构，负责区域市场的执行管理工作，如分公司或办事处等。营销管理团队的培养是一个长期过程，企业必须未雨绸缪，一开始就重视管理人员的选拔及培养，并在授权及激励方式方面制订配套措施。如果前期企业中层管理人员储备不足，可以先提拔再培养，通常需要外力支持。

9.4 玩转定制营销

2014 年，中国白酒界刮起了一股定制酒的热潮。茅台、汾酒、西凤、洋河等纷纷出手，或成立定制酒公司，或进一步细分定制酒的业务，或将定制酒作为营销战略规划的重点。甚至白酒电商平台也参与进来，开展网上定制。

有需求就有市场，随着社会发展、消费市场的变化，许多消费者讲究消费品位，避免消费雷同，个性消费日趋明显，消费进入个性化需求时代。可以说，白酒定制是白酒消费的细分市场之一。

一、定制营销逐渐从小众扩散到大众

定制营销由来已久，在国外取得了长足的发展。既有满足小众人群的高端定制，又有贴合大众人群的普通定制，从汽车、手表到饰品、服装、IT等，不少品牌均通过定制营销取得了突破，比如，劳斯莱斯汽车、戴尔计算机就是定制营销的受益者。中国的定制营销有家电和手机行业等，定制营销为企业创造了一种新的营销手段，带来了巨大的经济效益，很多人都肯定地说："定制营销的前景是美好的，市场是广阔的。"

定制营销在酒行业早已出现。前些年，主要是一些高端定制酒，现在，定制酒也开始出现在大众视野中，渐渐地由小众走向大众。

二、白酒定制营销简单、粗放

通过对定制营销的研究，以及对白酒定制市场的分析，目前虽然有不少企业进入白酒定制营销领域，但均未针对白酒定制营销做全面、系统的规划和创新，只是点状开发与营销。

（1）同质化现象严重，乱象丛生，没有技术壁垒。很多酒企在瓶体表面、瓶盖、外包装上打上××专供、××周年纪念、××庆典字样和个性化需求的图片，基本上没有技术含量，谁都可以跟进效仿。几乎没有一个企业拥有自主知识产权的专利支撑。从消费者的价值来看，这样的定制酒价值与意义差强人意。

（2）人群细分粗放，局限于消费群体细分。更多白酒定制品牌瞄准的是某个消费群体，还没有细化到个体消费者，因此，将群体再细分，推出针对消费者个人的个性化定制酒，会有较大的市场潜力。

（3）没有专业团队，实际操作混乱。绝大多数定制酒企业在定制营销运作上，依托原有销售队伍操作。原有销售队伍是传统运作手段应用的高手，但在定制营销领域是门外汉。定制营销对团队素质要求很高，让传统团队运作定制酒，结果可想而知。

（4）缺乏操作模式，没有专业渠道。在定制营销上没有清晰的操作思路，不能形成专业的运作模式，也没有专业的销售渠道，不少企业将定制酒的营销理解成白酒传统运作渠道中的团购。

对白酒企业来说，探寻市场的个性化定制需求，即打造产品或服务的个性差异，必须考虑诸多事项，从模式创新、产品创新、消费者等方面全面打造规范化的个性化定制营销系统。

三、战略层面的创新

白酒定制营销市场前景广阔，预计有超过百亿的规模，谁能在这个市场站稳脚跟，谁就会获得巨大的收益。企业如果想做好定制营销，必须从战略到执行全面进行，从而走出符合自身发展的定制营销之路。

在行业面临危机，同时又面临机遇的情况下，要做好定制营销，战略层面要做好以下几点。

首先，必须寻找自己的核心价值定位。面对其他竞争对手，自身的产品核心竞争力在哪里，有什么特点；企业的传承历史、酿造工艺等都需要挖掘，扩大传播。

其次，在销售模式上突破。在不与企业自主品牌、核心市场、主流产品发生冲突的前提下，开拓定制产品的新模式、新渠道、新市场，如团购渠道可选择整坛团购，宣传大坛、整坛概念，分装定制，通过省级代理商寻找集团客户、收藏客户等；高端发行渠道，整坛发行，投资收藏，主要通过酒类发行平台寻找投资、收藏客户；通过电子交易平台，面向全国市场，实现批量采购。

最后，在客户增值上创新。在有效目标客户定位的基础上，努力帮助客户提升自我形象，并使产品价值增值最大化、社交功能利益最大化。这里分为三个层面。

一是个性文化感知价值。这是最基本的价值，在定制时，客户的个性文化融入包装设计，主要为客户名称、客户价值观、客户生活理念、客户的审美偏好、企业品牌主张等。

二是深度体验感知价值。在收藏或定制过程中，为客户提供全程的深度体验，如酒库远程观赏、带朋友参观、现场参与包装设计、现场参与口感调制、现场参与灌装过程、加入学员社交平台等。

三是尊贵身份感知价值。主要为收藏奖牌，收藏易拉宝，收藏文化墙，收藏名人壁画、壁纸等，作为办公室、会所等地方的装饰。

四、产品层面的差异性

定制营销在白酒行业已经由私人定制向平民化发展，因此，要在产品层面加以细分。这里主要面对三类客户。

一是针对个人团购，主要为个人婚宴、生日宴、升学宴及个人送礼。

二是针对单位团购，主要用于为单位提供特色服务或锁定年度团购订单，既有企事业单位，又有中小企业。

三是针对高端消费群体，主要用于封坛窖藏或投资升值。

鉴于此，产品层面可分为普通版和自由版。

普通版：对起订量要求较低，但定制的位置控制较严、定制的速度较快。一方面，企业提供多种通用器型（不同造型、材质、大小、颜色等）、通用外盒（不同造型、材质、大小、颜色等）、分级酒水（不同质量等级标准）供客户选择；另一方面，普通版元素选择完成后，客户再提供个性化元素，如公司 logo、姓名、图片、文字等，由企业设计师设计，在通用版产品上进行个性化设计，从而成为个性化定制产品。

自由版：对定制量有较高要求，但更个性，定制流程更复杂，完全以客户为主，定制的速度比较慢。一方面，客户可提供对器型（玻璃瓶、喷涂瓶、陶瓷瓶、不同坛子）、外盒（卡盒、手工盒、亚克力盒、木盒）的具体要求，企业根据客户要求设计；对于酒水，客户可以拥有更多等级酒水的选择。另一方面，客户可以提供更多的个性化元素并融入设计，从而使定制产品更个性。

五、推广层面的高效性

白酒定制营销的前提是高效的推广与传播，否则，定制营销只会胎死腹中。

（一）推广的内容

高度差异化与个性化的概念能吸引公众的眼球，可以用低成本提升信息表达力，提高销量和品牌资产。推广内容需要把握两点：一是寻找差异化的概念，消费者会无形中以这个标准衡量同类产品的品质。比如，古越龙山的“鉴湖水系 +50 年老厂区酿造上品黄酒”、舍得酒的“生态酿酒”都通过全新概念彰显卖点，提升顾客对品牌的价值认同度。二是提炼犀利、极具吸引力的广告语。广告语可以对品牌传播起到画龙点睛的作用，定制酒可以从稀缺性、工艺、附加值等层面提炼。

（二）推广的途径

如何把推广的内容准确地传达给消费者。向企事业单位、个人宴席活动推广，通过亲戚、朋友关系圈传播，达到资源共享、圈层互利的目的。

推广的具体做法如下。

一是建设好公司网站并加以推广。

二是在当地的杂志和报刊中以 DM 直投的形式宣传促销活动。

三是在前两项宣传到位、企业也有一定的资金实力的条件下，考虑报纸、电视、户外广告等媒体。

四是终端方面可选择一些人流量较大的酒店、烟酒店、商超、本品专卖店进行活动物料的投放，主要为易拉宝、宣传彩页等。

五是利用公司的短信平台推广，在节假日以慰问短信的形式进行。比如，“佳节将至，××酒业向您表示节日的问候，××酒业专门为您推出

定制酒服务内容，凡活动期间在专卖店定制××产品即可享受××酒业送出的定制大礼包，我们将全程为您服务，感谢您的支持，祝您事业蒸蒸日上，家庭美满!”

六是注意运用新媒体，如微信、微博，通过分享活动、内容有奖等形式宣传。

七是可发展专门的定制顾问，在小区寻找移动、联通公司这样的定制工作站，利用他们的人脉资源开展业务，提供近距离服务。

笔者认为，无论选择什么推广途径，只要能找到目标客户群体，便是见效快、低成本的传播方式。

（三）建立线上个性化定制酒推广系统

通过企业的网上电子商务平台或企业官网，完善整个个性化定制系统和推广系统平台，并由专业的电子商务人员负责此项工作。通过组建电子商务线上个性化定制销售模块，以及对产品模块进行设计，构建完善的个性化产品定制自选系统，供消费者自由选择和组合，同时精简客户订货流程，精简产品从供货到制造的流程，打造从快速下订单、设计、生产到物流配送的一体化流程体系，健全快速反应机制。

（四）与线下人员个性化定制推广密切配合

通过企业人员、渠道商和个性化定制酒销售顾问，扩大整个定制产品推广队伍，一方面，辅助推行企业线上产品定制系统，开拓周边的客户进行线上定制；另一方面，开拓身边的客户进行线下定制，根据线上产品定制系统选择定制的方向。最终实现线下与线上的密切配合与效果联动。

六、组织层面的独立与分工

定制酒业务既要与传统渠道联系，又要与传统渠道分开。所以，在组织上单独成立相关的电子商务部和推广部。电子商务部人员包括客服、配货员、设计员；推广部人员主要是指定制营销的推广专员。只有做到专人专事，才能做好白酒定制营销。

七、流程层面的简化与规范

定制酒流程的规划和统一很重要，客户需求多样化和物流等问题综合在一起，对工作的开展效率要求较高，所以，确立一整套定制流程很有必要，笔者在此为企业拟出一套简单流程。

（1）客户选择喜欢的款式。

（2）客户提供个性元素。

（3）企业根据客户意愿设计，出样稿。

（4）客户审核样稿，提出修改建议。

（5）设计人员修改样稿，客户确定样稿。

（6）安排生产。

（7）产品出库，物流发货（根据客户需求可选择其他发货方式，需客户支付费用）。

总而言之，在未来，白酒企业若想在个性化定制酒领域实现突破，必须关注三个焦点问题：

一是塑造丰富、完善的个性化定制产品自选系统。

二是健全产品定制营销推广系统与方法。

三是打造快速响应的一体化企业配合机制。

第 10 章

大众酒营销

10.1　小酒攻略

近年来，在中国白酒市场，小酒作为白酒行业的一个重要细分市场，成为众多企业争夺的目标。小瓶酒的容量一般为50～250ml，符合消费者倡导的少量饮酒的健康文化，符合消费者倡导的公平、透明的酒桌文化，符合消费者对产品购买的低成本要求，还满足了消费者对酒水小体积、携带方便的要求。

一、品牌策略

小酒在品牌定位上必须占一个细分品类，无论是细分文化品类还是细分功能品类。比如，牛栏山、红星等品牌的二锅头小酒，江小白的清香型酒（个性文化的引领者），歪嘴郎酒、酒中酒霸的兼香型小酒，青岛琅琊台的高度原浆酒小琅高等，均不同程度地获得成功。目前，许多小酒多在时尚概念层面做文章，在包装搞怪上做文章，这些多是噱头，很难取得品牌的成功，即使目前创造了流行，也很难持续流行。

二、产品策略

产品策略必须把握主流趋势下的差异化策略，才有机会成长为大品类下的大品牌。

包装层面：小酒在产品包装风格方面采取个性化策略，不能代表主流，无法匹配广大主流消费者的审美观，容易误入歧途。

容量层面：小酒的容量多少合适，在目前的白酒市场上，只要低于400ml都可以称为小酒，要根据市场情况确定。

产品组合：可以用一支主导单品打天下，但最好不要用一支单品做市场，可以开发一个系列2～3款小酒，形成互补。

产品命名：综观目前市场上小酒的名字，主张新奇、怪异或符合潮流，只能让消费者一时新奇，并不能让消费者产生二次购买的欲望。其实，小酒的命名一定要符合地域文化特征，主张轻松、符合主流消费群体的审美品位，同样，传播语也是如此，要朗朗上口。

小酒品质：酒质不能因容量小而降低，在产品上市初期阶段，酒质要更好，后期要确保酒质稳定。很多小酒做不到酒质稳定，导致消费者大量流失。

三、推广策略

小酒本身是一种小圈子聚饮、自我休闲饮酒下的产物，没有流行，很难打开市场。所以，对小酒来说，无论广告投放、终端氛围营销，还是事件公关活动，必须采取“小品类大品牌”的塑造方法，制造品牌流行趋势或热潮，才能在当地市场胜出，如江小白的高频率的青春事件公关活动、青春语录、时尚喝酒方法等。

四、营销模式

小酒更要重视大众消费群体，终端的铺货率、核心终端的推荐率、终端氛围营造、终端动销率是关键指标。直分销模式更能匹配小酒的市场运作。前期，厂家可派人铺市，快速打开市场，厂家利用直销倾斜推广资源，加大终端推力，尽快实现上市初期良性动销的愿望。同时，筛选出核心、优质终端，增强对核心酒店的控制力。分销商负责网点的日常维护工作，配合厂家开展相关市场的推广工作。成熟后，厂家再把全部网络转移给经销商。

五、价格策略

以主导竞争对手为导向，价格上持平或略高于市场主要竞争对手的产品，同时保留具有竞争力的操作空间。在定价方面，系列产品中一款定在主流低档价位，一款定在主流中档价位，一款定在主流高档价位。

六、选商策略

小酒经销商的选择以其快消品的属性作为考量，即需要有较高的市场铺货率、能见度和消费者体验才会促使消费者主动购买，需要大量的人力、物力。所以，小酒的经销商选择较为宽泛，要改变过去一切以“大经销商”为核心的思路，甚至可以跨行业选择相应的分销商。不在乎分销商规模大小，只注重与经销商资源匹配，配合适当的渠道和传播方式，快速盘活市场。

七、上市模式

小酒一般在市场上有两种模式。

模式一：畅销品牌适合以老代新、以大带小，减小阻力。借势畅销的大酒品牌影响力，推出小瓶酒，以老带新，通过大瓶酒的产品力带动小瓶酒上量，同时也以小瓶酒为促销品，维护大瓶酒的价格体系。

模式二：专注小瓶酒。先推出小瓶酒，以较大的促销力度启动C、D类餐饮终端，增强渠道推力，或启动市场前期直接通过强势的品牌力和较大力度的消费者促销活动拉动销量。

白酒厂家需根据市场地位及资源具体情况对两种启动模式进行分析及比较，以便选择适合企业自身的模式。

八、渠道策略

由于属性特殊、渠道的特征，小酒必须在餐饮渠道率先启动，等市场出现拐点后，才能带动商超、流通渠道上量。

（一）餐饮渠道运作思路

一是进店策略。作为新产品，很多终端店看重的不是产品，而是铺货奖励，根据铺货的要求确定合适、新颖、有吸引力的促销品至关重要。比如，铺货坎级奖励、进货奖励、开户奖励、促销品支持、免费产品、陈列奖励等，让客户感觉占便宜，就容易实现铺货甚至是现金结算，特别是在小酒竞争激烈的市场，铺货政策更重要。

二是终端生动化。终端陈列生动化不仅能吸引消费者的注意力，刺激购买欲，还可以塑造鲜明的品牌形象，是提升品牌终端表现力的直接现场。比如，店外店招、墙体或橱窗广告，海报；在酒店内设置提示牌、告示牌、张贴广告画；店内悬挂条幅，门外屋檐下悬挂灯笼；在店内吧台布置 POP 招贴或提示牌：餐桌上的桌牌、菜单、桌布、烟灰缸等加印品牌广告。良好的销售氛围，可帮助企业提高 30% ~50% 的销量。

三是消费者促销活动。根据市场的需要、消费者的喜好开展相关的消费者主题活动，能引发消费潮流。红星推出了一个新的产品系列——“苏扁”，以“用子弹放倒敌人，用二锅头放倒兄弟”等趣味性主题开展促销活动，引起消费者的关注。此外，刮奖、赠饮、中大奖等传统的激励方式也取得不错的效果。产品的促销必须选酒水销量大、客流量大的终端店，一方面，为了扶持需要动销支持的客户；另一方面，也能提高促销的价值。小酒上市前期，可根据实际需求派驻促销人员进行现场促销。促销活动必须有计划、有阶段性，根据反馈的数据及各终端的实际情况，有针对性地督促和调整相关的促销活动。

四是终端服务。在产品同质化的年代，餐饮终端的推介能力不可小觑。终端老板、服务员的推介程度是影响酒水销售的重要因素。因此，通过一店一策工程维护厂商与终端的客情，带动销量尤为关键。一店一策，即一类酒店有一种针对性策略，指基于酒店、消费者、竞争对手具体情况采用分类方法进行人员配置、产品投放（开瓶费）、二次兑奖、客情公关、促销活动等手段组合，最终形成优于竞争对手、适合酒店、针对消费者的一套综合性竞争策略。

此外，还可以通过在日常拜访过程中赠送一些小的促销物料和礼品加强与终端店老板、服务员的沟通，建立良好的客情关系。厂商必须通过这些商业利益与人情关系相结合的手段提高渠道成员销售产品的积极性，从而有效地实现终端拦截，迅速让小瓶酒在酒店动销，酒店的良性循环势必促使整体市场繁荣。

（二）流通渠道策略

初期阶段重点培育与打造核心流通店，如社区店、批零兼营的超市，其他小店有选择性地陈列进店，以烘托市场的整体氛围。

通过打造餐饮店与核心流通店，经过4～6个月，产品的动销工作就会步入正轨，适当时可做一些政策性压货工作，全面放开流通店，但一定要保持理性，维护好产品的价格体系，切勿因为一时的“小量”而损害产品未来的“大量”。

（三）商超渠道策略

在产品培育完全成熟的基础上，可以推出一款礼盒装的小酒，专门用于商超渠道节假日销售，如红楼梦酒业的十二金钗小酒；刘伶醉酒开发了一款竹林七贤盒装小酒，不仅比普通小酒价格高，还有丰富的文化味道，更适合送礼。追求组合包装销量最大化，有助于进入市场赢得更大的空间。

九、组织要求

小酒的组织方面要单独化，专门运作小瓶酒，这也是尽快成功培育小瓶酒的重要因素。在前期市场启动阶段，可适当抽调销售人员协助开拓市场。一方面，他们比较熟悉网点，导入新产品省时省力；另一方面，也可以相互学习。在后期维护阶段，定点、定路线、定车、定任务等，强化市场精细化工作。

10.2 低端酒营销

任何企业想在某种产品上取得成功，都必须深度了解这类产品的消费者的消费心理，抓住消费背后的本质，才能在产品营销与推广方面有章有法、有轻有重，才能快速取得成功。

一、解密低端酒成功的本质

低端酒的消费属性是快消品属性，消费群体多是普通百姓且自饮者居多，他们讲究“实惠”，在“面子”上，主要体现白酒的流行性，即大家喝什么我就喝什么，不丢面子就可以了。

低端酒的营销本质就是制造流行，而营销模式是深度营销模式。

就低端酒而言，制造流行有三个手法。

一是通过独特差异性的情感文化制造流行，如金六福的“福文化”、小刀酒的“刀文化”、东北酒的“代言人”文化等。其中，强大的“空中媒体（电视、广播、户外等）”大传播路径能快速制造流行。

二是通过促销战术创造流行，如黑土地赠打火机，老村长、龙江家园等盒内设奖，通过强大的分销能力和营造终端氛围（传播促销信息，引起消费者的注意），能快速制造流行。

三是通过消费体验、口碑传播创造流行，这种流行因为品质过硬，相对来说培育周期长，产品流行持续时间长，如牛栏山的白牛。

当然，如今的营销讲究的是系统营销，可以同时应用三个手法，但再系统的营销战略、战术，都必须有一个侧重点，就是聚焦力量于某方面进行重点打造与突破，尤其是新品牌或新产品，更要根据企业的实际承受能力，决定企业营销战略、战术的侧重点。记住，低端酒，尤其是光瓶酒的营销过程就是制造流行的过程，没有流行就没有成功。

二、精准极致的品牌推广，让品牌快速“活化”

研究低端酒，尤其是光瓶酒在品牌推广方面的工作，成功的企业一般多做了两件事情。

一是请一位明星或笑星做形象代言人，利用明星的辐射力与影响力快速打造品牌的知名度、提高品牌的接受度。比如，东北酒请农民喜欢的笑星做代言人，给消费者传递的信息是这种酒很贴心，容易拉近与消费者的距离。

二是品牌宣传方面必须采取的四个动作：车辆的喷绘广告、宣传物料（包括 POP、条幅、写真板、吸塑画等）张贴、终端门头店招的制作、产品陈列。

其中，产品陈列氛围和店内物料氛围尤为重要。陈列的基本要求是产品聚焦，针对一个产品强势陈列、聚焦，牌面最大化。门头并不多见，但店内的海报、招贴画、写真画、温馨提示标语比较多。

三、差异化的产品策略，让产品脱颖而出

高效竞争战略：一是差异化战略，二是聚焦战略，三是低成本战略。

运用到产品竞争：你的产品与竞品相比，差异化在哪里？聚焦哪个主流价格带？是和竞品同一价格还是低于或高于竞品更有优势？就产品成本而言，是否有足够空间进行市场竞争呢？

总结成功企业的产品成功规律，多是产品差异化，相反，则要展开一场血拼才有机会胜出。产品差异化是在酒体、品牌定位、形象、包装、价格等维度寻找不同于竞品的竞争优势，打破原有产品的消费习惯和消费意识，构建新的、唯一的并能快速被消费者接受的消费习惯和消费意识。因此，差异化必须具有颠覆性、推广速度快、消费者接受速度快的特点。否则，就难以成功或出现产品竞争策略的选择性错误。

光瓶酒如何做好差异化呢？无非在瓶标、瓶盖、瓶型、价格、酒水口

感等方面做出差异化，充分让消费者感觉就是你的产品，就是与竞品明显不同。如小刀的刀型瓶、红星二锅头的蓝瓶、牛栏山白牛的口感、畅销东北 50 年的“玉泉方瓶”、近年来风靡山东的“景芝方瓶”，还有近年来走时尚个性路线的江小白。

产品差异化不仅能有效区隔对手，还能构建销售壁垒，促使竞争产品在难度更高的情况下寻找新的、消费者能接受的差异化，或者被迫采取跟随战略，变成二线品牌，成为新的市场主导者。

记住，想成功就要与众不同，在细处寻找差异化，细节决定命运，某个细节的差异化可能成为成功的突破点。

四、聚焦一个价格带的价格策略，实现单品突破

聚焦一个价格带的营销思想，其实是单品突破的思维。单品突破思维，并非仅用一款产品进行市场营销，而是只主推一个单品，确保成功。成功的营销规律多是单品制胜，带动其他价格带产品销售。切记，一个产品组合不要超过三个产品，而且主推产品只能有一个，不能每个产品都想成功。每个产品都想成功，通过营销战术，会有一定的销量，却难以占领市场。

聚焦价格带的关键是找准容易成功的价格带，无论是低价策略，还是平行价格策略，还是高于竞品价格策略，都必须根据市场需求、现状、竞品优势决定价格竞争策略。

低于竞品价格策略要看企业成本优势及资本、资源优势。老村长在开拓市场时先投放玻璃瓶的主打产品，与竞争对手在市场上拼市场份额、抢市场占有率。竞争对手打价格战就及时跟进，直到市场操作成熟后再引进半斤装、一斤装、玻璃瓶、乳玻瓶的产品，使市场利润最大化。所以，最初应避免用战略产品攻陷市场，选择一款战术产品，前期可以不考虑盈利，主要用于提高市场份额和培育口感，之后导入战略产品整合市场。但这种模式是许多区域性白酒企业无法模仿的，因为前置投入、成本优势比较大。

平行价格策略要让消费者在同价位的产品之间认为你的产品“物超所值”，“物超所值”来自消费者的促销体验，来自消费者对产品的独特的消费体验，口感更好、拿在手里更舒服、看起来更顺眼等。

高于竞品价格策略是一种“高开低走”的竞争策略，成本优势、营销空间优势都会彰显出来，所以，只有价格更高，才有更好的政策。采取“高开低走”价格竞争策略，给市场制订了更多的政策，给新产品更大的推力，占领了新的价格带。白牛产品的成功就是在北京地区率先推出10～12元价格带产品，进而占领了北京光瓶酒市场。山西光瓶酒之王——汾阳王酒，当初就是依靠零售价格比竞品主流价格高3元逐渐取得领导地位的，最后取得光瓶酒的王者地位。

五、突击爆发式的渠道建设策略

低端酒营销模式一般是深度分销或深度协销模式，其渠道建设模式如下。

（一）价格操作模式

厂家与经销商在价格操作模式上多采取“裸价”或“半控价”的模式，同时根据年终销量完成情况给予一定的返利支持。对企业来说，低端酒利润空间和投入资源相对有限，需要利用经销商的渠道资源完成市场运营。对经销商“裸价”或“半控价”，有空间、易操作，其积极性相对较高。

（二）协助经销商设计市场方案

一个县城市场，厂家派驻10～20名业务人员组成突击队，通过市场调研设计产品铺货政策，根据目标客户设置不同的奖项，精准、有效。乡镇分销商、零售店层层加压，阶梯促销推动，保证各层级有足够的利润空间。

（三）协助经销商开发网络

协助县级经销商或乡镇分销商开发网络，雷达式过滤终端网点。然后，突击队进驻下一个市场，滚动开发，走进每个县城的每个乡镇的每个自然村的销售终端，半个月内迅速营造氛围，完成网络开发，坚定了经销商的信心，留下 1 ~2 个业务人员进行市场维护与管理经销商队伍，市场交给经销商运作。

（四）集中营造氛围

除了常规物料在终端铺货与终端维护过程中必须覆盖终端室内外的每个角落外，门头、墙体喷绘广告往往是在一个时间段内集中呈现在市场的各个角落。人们一夜醒来，发现已经被这个品牌包围了。

具体做法：业务人员在铺货、开发网点过程中与终端客户谈好制作的广告形式与内容，派驻一个专门负责广告的市场人员（也可以是业务人员临时兼做），该市场人员带领广告公司人员集中测量、集中制作、集中安装。

（五）单一核心渠道突破，复合渠道共振

虽然低端酒操作是全网建设，酒店、名烟名酒店、超市等都要全面铺货，但市场突破时依然要选择一个能够引导消费的重点渠道，实现单一渠道突破，复合渠道共振。对低端酒来说，B、C、D 类餐饮渠道依然是市场突破的核心渠道，因为低端酒自带率低，餐饮消费体验能快速启动其他渠道。

六、灵活多变的促销策略

对低端酒来说，促销尤为重要，甚至是产品动销或持续畅销的命脉。其中，最关键的是做好对终端客户与消费者的促销，不仅要灵活多变，还要有吸引力，更要及时兑现承诺、服务到位。

（一）终端客户的促销

终端促销主要体现在四个方面：终端接货搭赠促销、陈列奖励、动销奖励促销、累计销量奖励。不同阶段、不同客户采取的促销方式有时也不同，尤其是在产品导入阶段，促销投入力度相对较大，目的是提高终端销售的积极性，实现产品的快速动销与持续动销。

黑龙江某地方品牌产品富裕红部优通过大力度的渠道让利，在齐齐哈尔市场获得终端第一的推荐力。富裕红部优流通售价25元左右，餐饮店售价35~38元。

渠道策略：B、C类餐饮渠道，烟酒店及超市大面积铺货进店，重点运作B、C类餐饮渠道。

渠道政策：进货搭赠（2件赠1件、3件赠1件），核心店吧台陈列或餐桌每月摆1件本品，累计进货达一定数量赠一辆三轮车，并且按照5元/个回收箱皮，大力度的政策成功地解决了消费者与产品的见面率及动销问题。

（二）消费者促销

消费者促销主要体现在三个方面：产品设奖、购买即奖、厂家统一的主题性促销活动。对消费者来说，无论怎么中奖，最能吸引他们的往往是一半赠品、一半酒。

老村长的奖项花样繁多，整箱送酒杯、瓶盖换礼品、开瓶送现金，做活动送毛巾、袜子、不锈钢碗、电饭锅、皮带等必需品，长年累月的小恩小惠提高了消费者的认同感。

在哈尔滨市场B、C类餐饮渠道，龙江龙1902产品通过点上的消费者促销实现产品的阶段性动销，解决了消费者对产品的尝试性消费问题。在

B、C类餐饮渠道开展活动，即凡在店内消费龙江龙1902产品1瓶即可参加抽奖活动，活动持续1个月，终端的推力和消费者拉力相结合有效地促进了消费者消费。

厂家的主题性促销活动多是希望促销品主题化、促销品事件化，实现品牌共振效应。龙江家园在2007年年末策划了“金珠银珠转不停”活动，结合民间传说的百年一遇的金猪年，取得了非常好的效果。2008年是中国奥运年，龙江家园又策划了“喝龙江家园，赢奥运金牌”活动，不仅推广了品牌，还取得了不菲的销量。

七、精细化的团队管理

天下是人打下来的，如果没有一支能征善战的队伍，再好的策略在执行过程都会打折。低端酒营销，对团队的执行力及精细化管理要求更严格。

行业内有“15286”团队管理定律，1是一支队伍、5是五个“定”、2是两个会议、8是八个步骤、6是六个标准。

（一）1是一支队伍

人员及车辆的配备。一个业务人员一周忙6天，1天跑二三十家店，能管200家店。城区可以使用电动三轮车，如果不能使用，可以采用访送分离的方式。乡镇用小货车送货拜访，一辆车2人，大概能管150家店。乡镇市场管150家店，城区管200家店，这就是人员和车辆的配备标准。

薪资考核。薪资比别人高一点，最好能高20%，这样会招到优秀的人才；业绩导向，认功劳不认苦劳，如果没有功劳就是徒劳，一定要让一部分员工拿高薪，这样才有价值；奖优罚劣、奖勤罚懒，以奖为主、以罚为辅。淡季考核铺市率、生动化，旺季抓销量，考核指标不宜过多，阶段性调整这些指标。另外，要给司机一定的提成，司机才有积极性。

逐步实现分级制度。鼓励人员晋升，有上升通道、上升空间。

（二）5 是五个“定”

定区域。区域一定要相对集中，交通便利。

定网点。各区域的网点数量和容量基本相同，餐饮和流通必须分开，乡镇比城区少一点，一个业务人员乡镇管 150 家店、县城管 200 家店，有流通终端，餐饮终端少一些。每个业务人员锁定这些网点，搜集终端信息，一定要有网点的资料明细表。

定线路。比如，一个业务人员一周工作 6 天，每天拜访 20 个网点，规划每周的线路，形成标准，可控可管理。

定频次。把业务人员终端划分为 A、B、C 类，优秀的终端多跑跑，差的终端少跑，好的终端拜访的时间长一些，差的终端时间短一些，做好资源管控和管理，关注重点店、稳固一般店。

定销量。把每个月的任务分解到每一天。

（三）2 是两个会议

一个是月会。总结上个月的销售状况，计划下月的销售目标，最好在每个月最后一天的下午开会。流程是宣布月度各区域销量完成状况、月度销量排名状况，当场发放奖金。分析各个业务人员销量完成及未完成的原因，并提出改进的建议和要求。制订下月销售目标和需要完成的指标，制订下月的考核内容，集中讨论市场问题，做一些集体活动。

一个是晨会。总结前一天的市场状况，制订当日工作计划。流程是喊口号，提交日拜访表，老板点评每个业务人员，集中解决市场共性问题，提交送货订单。要注意，晨会不宜过长，保持在 30 分钟内，9 点之前，所有业务人员全部出车，早上不允许业务人员抱怨，老板不要在早上批评员工，以鼓励、打气为主。

（四）8 是八个步骤

（1）出发前做好准备。第一，到哪去，线路图；第二，今天要做什么、带什么，比如，拜访的工具、拜访线路表、服务卡等；第三，准备产品生动化的材料，海报、价格标签等；第四，准备好说什么、铺市怎么说、拿订单怎么说、产品促销怎么说、老板提出不同看法怎么回答；第五，准备好今天做什么，终端的业务员一天要拜访二三十家店，平均分配时间。

（2）进店前的准备。第一，整理服装，形象要好，要让店老板接受。第二，看客户卡，进店必须说出老板的姓名，同时要回忆老板有什么需求，店外寻找生动化的机会。

（3）跟客户打招呼。打招呼时千万要强调不是来卖货的，是来提供服务的。不要一进门就卖货；用态度破冰，如帮老板搬货；可以用产品破冰、用熟人破冰，拉近与客户的关系。

（4）检查库存。查主推产品的库存、查看其他品项的库存、看竞品尤其是同类竞品的库存。

（5）确认销售和下订单。帮助老板分析产品的卖点，如果不了解，就没办法传播产品，没办法让店老板了解产品及品牌；分析安全库存，**安全库存=上次拜访后的实际销售量×2，**比如，一周前拜访，卖了2箱酒，安全库存就是4箱酒。建议不要让店老板盲目压货，细水长流，正常的流转才是最好的；讲好利润分配；帮店老板建立肯定不会赔钱的信心，不占用过多的资金、鼓励试销，帮助做动销。

（6）生动化执行。

（7）填写相关表格。

（8）向客户致谢。告知下次拜访的时间，最好一周拜访一次。

（五）6是六个指标

（1）铺市率。一定要追求铺市率，重点市场的铺市率要达到100%，次重点市场的铺市率要达到80%，一般市场的铺市率要达到60%，做到500人有一个自然网点。

（2）指标生动化。一定要保证终端氛围最大化。

（3）动销率。有没有动销的产品，有没有二次补货的产品。

（4）库存管理。经销商的库存管理和终端的库存管理。

（5）价格管理。一款低端酒价格管控不到位，起来得快，死得也快，产品本身差价太低，经不起乱价。

（6）客情度。客情维护的原则：勤拜访、多沟通、多动手、不乱承诺，要成为老板的好朋友。

10.3　破局百元价格带

在中国白酒行业黄金10年期间，许多区域品牌在区域市场强势崛起，多为百元价格带产品。即使目前行业遭遇波动，那些依靠百元价格带并对市场精细化运作的企业，依然能逆势增长。

一、百元价格带成为众品牌争抢的黄金价格带

百元价格带产品主要是指市场表现价为80～150元的产品。随着大众收入水平的提高，消费水平的提高，消费也不断升级，百元价位符合大部分消费者的消费预期，百元价位产品的消费群体越来越大。在中国白酒黄金10年期间，百元价格带是名酒、“二名酒”等品牌不重视的价格带，给许多区域品牌、地方强势品牌创造了生存发展空间。目前，出现了高端下滑、次高端被挤压、中高端强劲的市场现象。于是，大众消费、普通政商务消费的百元价格带成为黄金价格带，成为名酒、“二名酒”、区域品牌、地方强势品牌争抢的价格带。

二、谁能成为百元价格带的王者，谁将成为中国白酒品牌的王者

无论是名酒、“二名酒”，还是区域强势品牌、地方强势品牌，只要想

在百元价格带取得成就，就要通过扁平化的组织（下沉到县、乡市场的组织结构）、精细化、肉搏式的市场运作方式取得成功，对具备品牌优势的名酒、“二名酒”却成了天然的屏障，除非某个名酒或“二名酒”品牌有一统江山的野心与魄力，构建“地市级分公司 + 县乡级办事处”的组织结构，采取品牌战、价格战、促销战结合的区域市场洗牌战，才有可能把那些依靠百元价格带成长的区域品牌、地方品牌挤压到更低的价格带。

如果真有洗牌的一天，谁能胜出，就要看企业持续支出的能力。这对名酒、“二名酒”企业来说，也是一个大挑战，除非通过区域化推荐、板块化布局，最后占有全国百元价格带市场。地方性品牌必须经历小区域市场为王（县级市场）、大区域为王（地级市）、省级市场为王、大板块化为王（多个省份）的阶段，最后实现全国市场为王，难度较大。具备名酒基因的区域强势品牌，如洋河、古井，不仅在省内市场依靠百元价格带产品统治市场，还在外埠市场建立了一定的板块化市场，只要能做好战略布局与市场攻伐策略，还是有机会成为全国性王者品牌的。

三、未来区域市场百元价格带的天下将是区域强势品牌的天下

就区域市场而言，未来成为百元价格带王者的企业是地头蛇级企业；就全国市场而言，是强龙级企业，强龙市场是由无数个地头蛇市场组合而成的。

不过，就目前形式来看，名酒、“二名酒”想在百元价格带有所作为，还需要时间，而且组织结构、营销观念、市场操作手法都缺失占领百元价格带的基础。对地方性品牌来说，企业实力、品牌力量都无法与区域强势品牌抗衡，在不久的将来，这个价格带也会被区域强势品牌统治，地方性品牌只能依靠差异化策略生存，或在更低的价格带生存。

所以，未来区域市场百元价格带的天下，将是区域强势品牌的天下，或是既具有名酒基因又具有区域强势品牌身份的名酒品牌（洋河、古井等）的天下。

湖北白云边酒业在行业不景气的现状下，依然逆势增长。2013 年，白云边全年销售额 48.1 亿元，同比增长 18%。其中，百元价位的 12 年陈酿在连续多年高速增长的基础上，增幅高达 22%，年销量 444 万件，年销售额超过 20 亿元。

四、没有百元价格带优势的地方品牌要战略转移或放弃

中国白酒黄金 10 年，是名酒、“二名酒”的高端、次高端品牌形成的时期，也是区域强势品牌、地方强势品牌百元价格带形成的时期。在这个时期，区域品牌、地方性品牌还没有百元价格带的品牌优势，在目前的竞争环境下，必须放弃，或战略转移，或回归最有价格优势的价格带上，采取区域化扩张策略，实现增长，而非死守在百元价格带上与强势品牌竞争。

很多地方性或区域性白酒企业在低端产品运作上得心应手，但在中国白酒黄金 10 年没有抓住自身优势进行大区域化扩张，禁不住中高端酒、高端酒发展趋势的诱惑，聚焦中高端酒、高端酒的发展，虽然小有收获，但目前行业环境发生变化，许多企业陷入经营困境，低端产品不保、中高端产品不成，市场萎靡。

对地方性品牌而言，如果目前还没有形成百元价格带品牌优势，就要聚焦最有优势的价格带或并非区域强势品牌志在必得的价格带，或许还有生存的空间与机会。

安徽古漕运酒原先运作低档酒非常成功，其打工皇帝酒在江苏、安徽等市场十分畅销，但其运作的百元价格带全品原浆系列产品并不成功，最后导致企业经营举步维艰。金裕皖酒是依靠低端酒创造安徽白酒界黑马传奇的企业，因为企业的品牌延伸与价格带延伸，导致企业不死不活。

五、依靠百元价格带扩张的区域品牌，战略与策略要高度精准

总结区域性白酒品牌运作百元价格带的成功案例，大本营市场成功后

才具有向外扩张的资本，大本营市场百元价格带产品的成功并不代表外埠市场也一定能成功。

一是外埠市场先天性竞争优势弱于大本营市场。

二是每个区域市场都有一个强势的区域品牌占领百元价格带。依靠百元价格带外拓的区域强势品牌，必须保证战略布局与营销模式高度精准，才更容易成功。

（一）市场布局

区域性品牌若想通过百元价格带产品实现规模化发展，必须采取“大区域布局，小区域占领，纵深渗透，逐步推进与复制”的滚雪球运作模式，或采取“中心城市突破，周边布局，点成面活”的保龄球式运作模式，才是成本最低、风险最低的拓展方式，采蘑菇（同时布局几个核心城市）或撒胡椒的模式，难以实现百元价格带产品区域市场的快速扩张。宣酒在江南市场采取先突破大本营市场、周边市场复制的滚雪球模式，在江北市场采取“进攻合肥，影响周边，点面皆活”的保龄球模式。

（二）厂商合作模式

百元价格带产品的区域市场运作一般采取厂家主导、商家辅助的直分销模式，因为百元价格带产品对市场的前置性投入要求比较高，品牌的推广、渠道的精耕、终端的封锁、核心消费者的教育、组织结构的完善等都建立在资源对称的基础上，许多经销商难以支撑。不能仅依靠经销商或厂家操作百元价格带产品，只有厂商完美组合，厂家聚焦市场营销的“营”上，经销商聚焦市场营销的“销”上，才能实现百元价格带产品区域市场为王。

（三）产品及价格策略

产品方面采取单品突破策略，这里的单品突破是一个系列产品组合，结合当地市场竞争情况与消费基础，以一款竞争优势强、有成功机会的产

品为主导，进行市场突破。在价格方面“高举高打”，供货价与市场零售价高于当地主流竞品10%～15%，才有充足的价格空间，创造渠道配合的优势。

（四）渠道策略

抓住复合盘中的核心盘，复合盘是餐饮店、烟酒店、团购、喜宴市场等多个渠道同时运作，多盘互动。核心盘是指无论餐饮店、烟酒店，还是团购、喜宴市场，必须聚焦核心盘，不可采取“大一统”策略，只有做活小盘，大盘才能上量，最后实现“村村通、店店通、人人通”。

（五）推广策略

采取“六法合一”策略：同一个声音，共振共响。六法是指依靠主导产品，通过产品陈列法、终端氛围法、样板打造法、城市活化法、品鉴公关法、促销引爆法，实现品牌与销售共同成长。

企业案例·老板传记

	书名.作者	内容/特色	读者价值
企业案例·老板传记	**娃哈哈区域标杆:豫北市场营销实录** 罗宏文　赵晓萌　等著	本书从区域的角度来写娃哈哈河南分公司豫北市场是怎么进行区域市场营销,成为娃哈哈全国第一大市场、全国增量第一高市场的一些操作方法	参考性、指导性,一线真实资料
	像六个核桃一样:打造畅销品的36个简明法则 王　超　范　萍　著	本书分上下两篇:包括"六个核桃"的营销战略历程和36条畅销法则	知名企业的战略历程极具参考价值,36条法则提供操作方法
	六个核桃凭什么:从0过100亿 张学军　著	首部全面揭秘养元六个核桃裂变式成长的巨著	学习优秀企业的成长路径,了解其背后的理论体系
	借力咨询:德邦成长背后的秘密 官同良　王祥伍　著	讲述德邦是如何借助咨询公司的力量进行自身与发展的	来自德邦内部的第一线资料,真实、珍贵,令人受益匪浅
	解决方案营销实战案例 刘祖轲　著	用10个真案例讲明白什么是工业品的解决方案式营销,实战、实用	有干货、真正操作过的才能写得出来
	招招见销量的营销常识 刘文新　著	如何让每一个营销动作都直指销量	适合中小企业,看了就能用
	我们的营销真案例 联纵智达研究院　著	五芳斋粽子从区域到全国/诺贝尔瓷砖门店销量提升/利豪家具出口转内销/汤臣倍健的营销模式	选择的案例都很有代表性,实在、实操!
	中国营销战实录:令人拍案叫绝的营销真案例 联纵智达　著	51个案例,42家企业,38万字,18年,累计2000余人次参与……	最真实的营销案例,全是一线记录,开阔眼界
	双剑破局:沈坤营销策划案例集 沈　坤　著	双剑公司多年来的精选案例解析集,阐述了项目策划中每一个营销策略的诞生过程,策划角度和方法	一线真实案例,与众不同的策划角度令人拍案叫绝、受益匪浅
	宗:一位制造业企业家的思考 杨　涛　著	1993年创业,引领企业平稳发展20多年,分享独到的心得体会	难得的一本老板分享经验的书
	简单思考:AMT咨询创始人自述 孔祥云　著	著名咨询公司(AMT)的CEO创业历程中点点滴滴的经验与思考	每一位咨询人,每一位创业者和管理经营者,都值得一读
	边干边学做老板 黄中强　著	创业20多年的老板,有经验、能写、又愿意分享,这样的书很少	处处共鸣,帮助中小企业老板少走弯路
	三四线城市超市如何快速成长:解密甘雨亭 IBMG国际商业管理集团　著	国内外标杆企业的经验+本土实践量化数据+操作步骤、方法	通俗易懂,行业经验丰富,宝贵的行业量化数据,关键思路和步骤
	中国首家未来超市:解密安徽乐城 IBMG国际商业管理集团　著	本书深入挖掘了安徽乐城超市的试验案例,为零售企业未来的发展提供了一条可借鉴之路	通俗易懂,行业经验丰富,宝贵的行业量化数据,关键思路和步骤

互联网+

	书名.作者	内容/特色	读者价值
互联网+	**触发需求:互联网新营销样本·水产** 何足奇　著	传统产业都在苦闷中挣扎前行,本书通过鲜活的案例告诉你如何以需求链整合供应链,从而把大家熟知的传统行业打碎了重构、重做一遍	全是干货,值得细读学习,并且作者的理论已经经过了他亲自操刀的实践检验,效果惊人,就在书中全景展示
	移动互联新玩法:未来商业的格局和趋势 史贤龙　著	传统商业、电商、移动互联,三个世界并存,这种新格局的玩法一定要懂	看清热点的本质,把握行业先机,一本书搞定移动互联网
	微商生意经:真实再现33个成功案例操作全程 伏泓霖　罗晓慧　著	本书为33个真实案例,分享案例主人公在做微商过程中的经验教训	案例真实,有借鉴意义
	阿里巴巴实战运营——14招玩转诚信通 聂志新　著	本书主要介绍阿里巴巴诚信通的十四个基本推广操作,从而帮助使用诚信通的用户及企业更好地提升业绩	基本操作,很多可以边学边用,简单易学

续表

互联网+	**今后这样做品牌：移动互联时代的品牌营销策略** 蒋　军　著	与移动互联紧密结合，告诉你老方法还能不能用，新方法怎么用	今后这样做品牌就对了
	互联网+“变”与“不变”：本土管理实践与创新论坛集萃．2016 本土管理实践与创新论坛　著	本土管理领域正在产生自己独特的理论和模式，尤其在移动互联时代，有很多新课题需要本土专家们一起研究	帮助读者拓宽眼界、突破思维
	创造增量市场：传统企业互联网转型之道 刘红明　著	传统企业需要用互联网思维去创造增量，而不是用电子商务去转移传统业务的存量	教你怎么在“互联网+”的海洋中创造实实在在的增量
	重生战略：移动互联网和大数据时代的转型法则 沈　拓　著	在移动互联网和大数据时代，传统企业转型如同生命体打算与再造，称之为“重生战略”	帮助企业认清移动互联网环境下的变化和应对之道
	画出公司的互联网进化路线图：用互联网思维重塑产品、客户和价值 李　蓓　著	18个问题帮助企业一步步梳理出互联网转型思路	思路清晰、案例丰富，非常有启发性
	7个转变，让公司3年胜出 李　蓓　著	消费者主权时代，企业该怎么办	这就是互联网思维，老板有能这样想，肯定倒不了
	跳出同质思维，从跟随到领先 郭　剑　著	66个精彩案例剖析，帮助老板突破行业长期思维惯性	做企业竟然有这么多玩法，开眼界

行业类：零售、白酒、食品/快消品、农业、医药、建材家居等

	书名．作者	内容/特色	读者价值
零售·超市·餐饮·服装·汽车	1. **总部有多强大，门店就能走多远** 2. **超市卖场定价策略与品类管理** 3. **连锁零售企业招聘与培训破解之道** 4. **中国首家未来超市：解密安徽乐城** 5. **三四线城市超市如何快速成长：解密甘雨亭** IBMG国际商业管理集团　著	国内外标杆企业的经验+本土实践量化数据+操作步骤、方法	通俗易懂，行业经验丰富，宝贵的行业量化数据，关键思路和步骤
	涨价也能卖到翻 村松达夫　【日】	提升客单价的15种实用、有效的方法	日本企业在这方面非常值得学习和借鉴
	零售：把客流变成购买力 丁　昀　著	如何通过不断升级产品和体验式服务来经营客流	如何进行体验营销，国外的好经营，这方面有启发
	餐饮企业经营策略第一书 吴　坚　著	分别从产品、顾客、市场、盈利模式等几个方面，对现阶段餐饮企业的发展提出策略和思路	第一本专业的、高端的餐饮企业经营指导书
	赚不赚钱靠店长：从懂管理到会经营 孙彩军　著	通过生动的案例来进行剖析，注重门店管理细节方面的能力提升	帮助终端门店店长在管理门店的过程中实现经营思路的拓展与突破
	汽车配件这样卖：汽车后市场销售秘诀100条 俞士耀　著	汽配销售业务员必读，手把手教授最实用的方法，轻松得来好业绩	快速上岗，专业实效，业绩无忧
耐消品	**跟行业老手学经销商开发与管理：家电、耐消品、建材家居** 黄润霖　著	全部来源于经销商管理的一线问题，作者用丰富的经验将每一个问题落实到最便捷快速的操作方法上去	书中每一个问题都是普通营销人亲口提出的，这些问题你也会遇到，作者进行的解答则精彩实用
白酒	**变局下的白酒企业重构** 杨永华　著	帮助白酒企业从产业视角看清趋势，找准位置，实现弯道超车的书	行业内企业要减少90%，自己在什么位置，怎么做，都清楚了
	1. **白酒营销的第一本书（升级版）** 2. **白酒经销商的第一本书** 唐江华　著	华泽集团湖南开口笑公司品牌部长，擅长酒类新品推广、新市场拓展	扎根一线，实战

续表

白酒	**区域型白酒企业营销必胜法则** 朱志明　著	为区域型白酒企业提供35条必胜法则，在竞争中赢销的葵花宝典	丰富的一线经验和深厚积累，实操实用
	10步成功运作白酒区域市场 朱志明　著	白酒区域操盘者必备，掌握区域市场运作的战略、战术、兵法	在区域市场的攻伐防守中运筹帷幄，立于不败之地
	酒业转型大时代：微酒精选2014－2015 微酒　主编	本书分为五个部分：当年大事件、那些酒业营销工具、微酒独立策划、业内大调查和十大经典案例	了解行业新动态、新观点，学习营销方法
快消品·食品	**乳业营销第一书** 侯军伟　著	对区域乳品企业生存发展关键性问题的梳理	唯一的区域乳业营销书，区域乳品企业一定要看
	食用油营销第一书 余　盛　著	10多年油脂企业工作经验，从行业到具体实操	食用油行业第一书，当之无愧
	中国茶叶营销第一书 柏　龑　著	如何跳出茶行业"大文化小产业"的困境，作者给出了自己的观察和思考	不是传统做茶的思路，而是现在商业做茶的思路
	调味品营销第一书 陈小龙　著	国内唯一一本调味品营销的书	唯一的调味品营销的书，调味品的从业者一定要看
	快消品营销人的第一本书：从入门到精通 刘　雷　伯建新　著	快消行业必读书，从入门到专业	深入细致，易学易懂
	变局下的快消品营销实战策略 杨永华　著	通胀了，成本增加，如何从被动应战变成主动的"系统战"	作者对快消品行业非常熟悉、非常实战
	快消品经销商如何快速做大 杨永华　著	本书完全从实战的角度，评述现象，解析误区，揭示原理，传授方法	为转型期的经销商提供了解决思路，指出了发展方向
	一位销售经理的工作心得 蒋　军　著	一线营销管理人员想提升业绩却无从下手时，可以看看这本书	一线的真实感悟
	快消品营销：一位销售经理的工作心得2 蒋　军　著	快消品、食品饮料营销的经验之谈，重点图书	来源与实战的精华总结
	快消品营销与渠道管理 谭长春　著	将快消品标杆企业渠道管理的经验和方法分享出来	可口可乐、华润的一些具体的渠道管理经验，实战
	成为优秀的快消品区域经理 伯建新　著	37个"怎么办"分析区域经理的工作关键点	可以作为区域经理的'速成催化器'
	销售轨迹：一位快消品营销总监的拼搏之路 秦国伟　著	本书讲述了一个普通销售员打拼成为跨国企业营销总监的真实奋斗历程	激励人心，给广大销售员以力量和鼓舞
	快消老手都在这样做：区域经理操盘锦囊 方刚　著	非常接地气，全是多年沉淀下来的干货，丰富的一线经验和实操方法不可多得	在市场摸爬滚打的"老油条"，那些独家绝招妙招一般你问都是问不来的
	动销四维：全程辅导与新品上市 高继中　著	从产品、渠道、促销和新品上市详细讲解提高动销的具体方法，总结作者18年的快消品行业经验，方法实操	内容全面系统，方法实操
农业	**中小农业企业品牌战法** 韩　旭　著	将中小农业企业品牌建设的方法，从理论讲到实践，具有指导性	全面把握品牌规划，传播推广，落地执行的具体措施
	农资营销实战全指导 张　博　著	农资如何向"深度营销"转型，从理论到实践进行系统剖析，经验资深	朴实、使用！不可多得的农资营销实战指导
	农产品营销第一书 胡浪球　著	从农业企业战略到市场开拓、营销、品牌、模式等	来源于实践中的思考，有启发
	变局下的农牧企业9大成长策略 彭志雄　著	食品安全、纵向延伸、横向联合、品牌建设……	唯一的农牧企业经营实操的书，农牧企业一定要看

续表

医药	**新医改下的医药营销与团队管理** 史立臣　著	探讨新医改对医药行业的系列影响和医药团队管理	帮助理清思路，有一个框架
	医药营销与处方药学术推广 马宝琳　著	如何用医学策划把“平民产品”变成“明星产品”	有真货、讲真话的作者，堪称处方药营销的经典！
	新医改了，药店就要这样开 尚　锋　著	药店经营、管理、营销全攻略	有很强的实战性和可操作性
	电商来了，实体药店如何突围 尚　锋　著	电商崛起，药店该如何突围？本书从促销、会员服务、专业性、客单价等多重角度给出了指导方向	实战攻略，拿来就能用
	在中国，医药营销这样做：时代方略精选文集 段继东　主编	专注于医药营销咨询15年，将医药营销方法的精华文章合编，深入全面	可谓医药营销领域的顶尖著作，医药界读者的必读书
	OTC医药代表药店销售36计 鄢圣安　著	以《三十六计》为线，写OTC医药代表向药店销售的一些技巧与策略	案例丰富，生动真实，实操性强
	OTC医药代表药店开发与维护 鄢圣安　著	要做到一名专业的医药代表，需要做什么、准备什么、知识储备、操作技巧等	医药代表药店拜访的指导手册，手把手教你快速上手
	引爆药店成交率1：店员导购实战 范月明　著	一本书解决药店导购所有难题	情景化、真实化、实战化
	引爆药店成交率2：经营落地实战 范月明　著	最接地气的经营方法全指导	揭示了药店经营的几类关键问题
	医药企业转型升级战略 史立臣　著	药企转型升级有5大途径，并给出落地步骤及风险控制方法	实操性强，有作者个人经验总结及分析
建材家居	**建材家居营销实务** 程绍珊　杨鸿贵　主编	价值营销运用到建材家居，每一步都让客户增值	有自己的系统、实战
	建材家居门店销量提升 贾同领　著	店面选址、广告投放、推广助销、空间布局、生动展示、店面运营等	门店销量提升是一个系统工程，非常系统、实战
	10步成为最棒的建材家居门店店长 徐伟泽　著	实际方法易学易用，让员工能够迅速成长，成为独当一面的好店长	只要坚持这样干，一定能成为好店长
	手把手帮建材家居导购业绩倍增：成为顶尖的门店店员 熊亚柱　著	生动的表现形式，让普通人也能成为优秀的导购员，让门店业绩长红	读着有趣，用着简单，一本在手、业绩无忧
	建材家居经销商实战42章经 王庆云　著	告诉经销商：老板怎么当、团队怎么带、生意怎么做	忠言逆耳，看着不舒服就对了，实战总结，用一招半式就值了
工业品	**销售是门专业活：B2B、工业品** 陆和平　著	销售流程就应该跟着客户的采购流程和关注点的变化向前推进，将一个完整的销售过程分成十个阶段，提供具体方法	销售不是请客吃饭拉关系，是个专业的活计！方法在手，走遍天下不愁
	解决方案营销实战案例 刘祖轲　著	用10个真案例讲明白什么是工业品的解决方案式营销，实战、实用	有干货、真正操作过的才能写得出来
	变局下的工业品企业7大机遇 叶敦明　著	产业链条的整合机会、盈利模式的复制机会、营销红利的机会、工业服务商转型机会……	工业品企业还可以这样做，思维大突破
	工业品市场部实战全指导 杜　忠　著	工业品市场部经理工作内容全指导	系统、全面、有理论、有方法，帮助工业品市场部经理更快提升专业能力
	工业品营销管理实务 李洪道　著	中国特色工业品营销体系的全面深化、工业品营销管理体系优化升级	工具更实战，案例更鲜活，内容更深化
	工业品企业如何做品牌 张东利　著	为工业品企业提供最全面的品牌建设思路	有策略、有方法、有思路、有工具
	丁兴良讲工业4.0 丁兴良　著	没有枯燥的理论和说教，用朴实直白的语言告诉你工业4.0的全貌	工业4.0是什么？本书告诉你答案

续表

工业品	**资深大客户经理：策略准，执行狠** 叶敦明　著	从业务开发、发起攻势、关系培育、职业成长四个方面，详述了大客户营销的精髓	满满的全是干货
	一切为了订单：订单驱动下的工业品营销实战 唐道明　著	其实，所有的企业都在围绕着两个字在开展全部的经营和管理工作，那就是“订单”	开发订单、满足订单、扩大订单。本书全是实操方法，字字珠玑、句句干货，教你获得营销的胜利
金融	**交易心理分析** (美)马克·道格拉斯　著 刘真如　译	作者一语道破赢家的思考方式，并提供了具体的训练方法	不愧是投资心理的第一书，绝对经典
	精品银行管理之道 崔海鹏　何　屹　主编	中小银行转型的实战经验总结	中小银行的教材很多，实战类的书很少，可以看看
	支付战争 Eric M. Jackson　著 徐　彬　王　晓　译	PayPal 创业期营销官，亲身讲述 PayPal 从诞生到壮大到成功出售的整个历史	激烈、有趣的内幕商战故事！了解美国支付市场的风云巨变
房地产	**产业园区/产业地产规划、招商、运营实战** 阎立忠　著	目前中国第一本系统解读产业园区和产业地产建设运营的实战宝典	从认知、策划、招商到运营全面了解地产策划
	人文商业地产策划 戴欣明　著	城市与商业地产战略定位的关键是不可复制性，要发现独一无二的“味道”	突破千城一面的策划困局
	电影院的下一个黄金十年：开发·差异化·案例 李保煜　著	对目前电影院市场存大的问题及如何解决进行了探讨与解读	多角度了解电影院运营方式及代表性案例

经营类：企业如何赚钱，如何抓机会，如何突破，如何“开源”

	书名．作者	内容/特色	读者价值
抓方向	**让经营回归简单．升级版** 宋新宇　著	化繁为简抓住经营本质：战略、客户、产品、员工、成长	经典，做企业就这几个关键点！
	公司由小到大要过哪些坎 卢　强　著	老板手里的一张“企业成长路线图”	现在我在哪儿，未来还要走哪些路，都清楚了
	企业二次创业成功路线图 夏惊鸣　著	企业曾经抓住机会成功了，但下一步该怎么办？	企业怎样获得第二次成功，心里有个大框架了
	老板经理人双赢之道 陈　明　著	经理人怎养选平台、怎么开局，老板怎样选/育/用/留	老板生闷气，经理人牢骚大，这次知道该怎么办了
	简单思考：AMT 咨询创始人自述 孔祥云　著	著名咨询公司（AMT）的 CEO 创业历程中点点滴滴的经验与思考	每一位咨询人，每一位创业者和管理经营者，都值得一读
	企业文化的逻辑 王祥伍　黄健江　著	为什么企业绩效如此不同，解开绩效背后的文化密码	少有的深刻，有品质，读起来很流畅
	使命驱动企业成长 高可为　著	钱能让一个人今天努力，使命能让一群人长期努力	对于想做事业的人，‘使命’是绕不过去的
思维突破	**移动互联新玩法：未来商业的格局和趋势** 史贤龙　著	传统商业、电商、移动互联，三个世界并存，这种新格局的玩法一定要懂	看清热点的本质，把握行业先机，一本书搞定移动互联网
	画出公司的互联网进化路线图：用互联网思维重塑产品、客户和价值 李　蓓　著	18 个问题帮助企业一步步梳理出互联网转型思路	思路清晰、案例丰富，非常有启发性
	重生战略：移动互联网和大数据时代的转型法则 沈　拓　著	在移动互联网和大数据时代，传统企业转型如同生命体打算与再造，称之为“重生战略”	帮助企业认清移动互联网环境下的变化和应对之道
	创造增量市场：传统企业互联网转型之道 刘红明　著	传统企业需要用互联网思维去创造增量，而不是用电子商务去转移传统业务的存量	教你怎么在“互联网＋”的海洋中创造实实在在的增量
	7 个转变，让公司 3 年胜出 李　蓓　著	消费者主权时代，企业该怎么办	这就是互联网思维，老板有能这样想，肯定倒不了

续表

思维突破	跳出同质思维，从跟随到领先 郭　剑　著	66个精彩案例剖析，帮助老板突破行业长期思维惯性	做企业竟然有这么多玩法，开眼界
	麻烦就是需求　难题就是商机 卢根鑫　著	如何借助客户的眼睛发现商机	什么是真商机，怎么判断、怎么抓，有借鉴
	互联网+"变"与"不变"：本土管理实践与创新论坛集萃·2016 本土管理实践与创新论坛　著	加速本土管理思想的孕育诞生，促进本土管理创新成果更好地服务企业、贡献社会	各个作者本年度最新思想，帮助读者拓宽眼界、突破思维
财务	写给企业家的公司与家庭财务规划——从创业成功到富足退休 周荣辉　著	本书以企业的发展周期为主线，写各阶段企业与企业主家庭的财务规划	为读者处理人生各阶段企业与家庭的财务问题提供建议及方法，让家庭成员真正享受财富带来的益处
	互联网时代的成本观 程　翔　著	本书结合互联网时代提出了成本的多维观，揭示了多维组合成本的互联网精神和大数据特征，论述了其产生背景、实现思路和应用价值	在传统成本观下为盈利的业务，在新环境下也许就成为亏损业务。帮助管理者从新的角度来看待成本，进一步做好精益管理

管理类：效率如何提升，如何实现经营目标，如何"节流"

	书名．作者	内容/特色	读者价值
通用管理	1. 让管理回归简单．升级版 2. 让经营回归简单．升级版 3. 让用人回归简单 宋新宇　著	宋博士的"简单"三部曲，影响20万读者，非常经典	被读者热情地称作"中小企业的管理圣经"
	分股合心：股权激励这样做 段　磊　周　剑　著	通过丰富的案例，详细介绍了股权激励的知识和实行方法	内容丰富全面、易读易懂，了解股权激励，有这一本就够了
	边干边学做老板 黄中强　著	创业20多年的老板，有经验、能写、又愿意分享，这样的书很少	处处共鸣，帮助中小企业老板少走弯路
	阿米巴经营的中国模式 李志华　著	让员工从"要我干"到"我要干"，价值量化出来	阿米巴在企业如何落地，明白思路了
通用管理	中国式阿米巴落地实践之激活组织 胡八一　著	重点讲解如何科学划分阿米巴单元，阐述划分的实操要领、思路、方法、技术与工具	最大限度减少"推行风险"和"摸索成本"，利于公司成功搭建适合自身的个性化阿米巴经营体系
	欧博心法：好管理靠修行 曾　伟　著	用佛家的智慧，深刻剖析管理问题，见解独到	如果真的有'中国式管理'，曾老师是其中标志性人物
流程管理	1. 用流程解放管理者 2. 用流程解放管理者2 张国祥　著	中小企业阅读的流程管理、企业规范化的书	通俗易懂，理论和实践的结合恰到好处
	跟我们学建流程体系 陈立云　著	畅销书《跟我们学做流程管理》系列，更实操，更细致，更深入	更多地分享实践，分享感悟，从实践总结出来的方法论
质量管理	**1. ISO9001:2015新版质量管理体系详解与案例文件汇编** **2. ISO14001:2015新版环境管理体系详解与案例文件汇编** 谭洪华　著	紧密围绕2015新版，逐条详细解读，工具也可以直接套用，易学易上手	企业认证、内审必备
战略落地	重生——中国企业的战略转型 施　炜　著	从前瞻和适用的角度，对中国企业战略转型的方向、路径及策略性举措提出了一些概要性的建议和意见	对企业有战略指导意义
	公司大了怎么管：从靠英雄到靠组织 AMT金国华　著	第一次详尽阐释中国快速成长型企业的特点、问题及解决之道	帮助快速成长型企业领导及管理团队理清思路，突破瓶颈
	低效会议怎么改：每年节省一半会议成本的秘密 AMT王玉荣　著	教你如何系统规划公司的各级会议，一本工具书	教会你科学管理会议的办法

续表

战略落地	年初订计划,年尾有结果:战略落地七步成诗 AMT 郭晓　著	7 个步骤教会你怎么让公司制定的战略转变为行动	系统规划,有效指导计划实现
人力资源	回归本源看绩效 孙　波　著	让绩效回顾"改进工具"的本源,真正为企业所用	确实是来源于实践的思考,有共鸣
	世界 500 强资深培训经理人教你做培训管理 陈　锐　著	从 7 大角度具体细致地讲解了培训管理的核心内容	专业、实用、接地气
	曹子祥教你做激励性薪酬设计 曹子祥　著	以激励性为指导,系统性地介绍了薪酬体系及关键岗位的薪酬设计模式	深入浅出,一本书学会薪酬设计
	曹子祥教你做绩效管理 曹子祥　著	复杂的理论通俗化,专业的知识简单化,企业绩效管理共性问题的解决方案	轻松掌握绩效管理
	把招聘做到极致 远　鸣　著	作为世界 500 强高级招聘经理,作者数十年招聘经验的总结分享	带来职场思考境界的提升和具体招聘方法的学习
	人才评价中心. 超级漫画版 邢　雷　著	专业的主题,漫画的形式,只此一本	没想到一本专业的书,能写成这效果
	走出薪酬管理误区 全怀周　著	剖析薪酬管理的 8 大误区,真正发挥好枢纽作用	值得企业深读的实用教案
	集团化人力资源管理实践 李小勇　著	对搭建集团化的企业很有帮助,务实,实用	最大的亮点不是理论,而是结合实际的深入剖析
	我的人力资源咨询笔记 张　伟　著	管理咨询师的视角,思考企业的 HR 管理	通过咨询师的眼睛对比很多企业,有启发
	本土化人力资源管理 8 大思维 周　剑　著	成熟 HR 理论,在本土中小企业实践中的探索和思考	对企业的现实困境有真切体会,有启发
	HRBP 是这样炼成的之"菜鸟起飞" 新　海　著	以小说的形式,具体解析 HRBP 的职责,应该如何操作,如何为业务服务	实践者的经验分享,内容实务具体,形式有趣
企业文化	华夏基石方法:企业文化落地本土实践 王祥伍　谭俊峰　著	十年积累、原创方法、一线资料,和盘托出	在文化落地方面真正有洞察,有实操价值的书
	企业文化的逻辑 王祥伍　著	为什么企业之间如此不同,解开绩效背后的文化密码	少有的深刻,有品质,读起来很流畅
	企业文化激活沟通 宋杼宸　安　琪　著	透过新任 HR 总经理的眼睛,揭示出沟通与企业文化的关系	有实际指导作用的文化落地读本
	在组织中绽放自我:从专业化到职业化 朱仁健　王祥伍　著	个人如何融入组织,组织如何助力个人成长	帮助企业员工快速认同并投入到组织中去,为企业发展贡献力量
	企业文化定位·落地一本通 王明胤　著	把高深枯燥的专业理论创建成一套系统化、实操化、简单化的企业文化缔造方法	对企业文化不了解,不会做?有这一本从概念到实操,就够了
生产管理	高员工流失率下的精益生产 余伟辉　著	中国的精益生产必须面对和解决高员工流失率问题	确实来源于本土的工厂车间,很务实
	车间人员管理那些事儿 岑立聪　著	车间人员管理中处理各种"疑难杂症"的经验和方法	基层车间管理者最闹心、头疼的事,'打包'解决
	1. 欧博心法:好管理靠修行 2. 欧博心法:好工厂这样管 曾　伟　著	他是本土最大的制造业管理咨询机构创始人,他从 400 多个项目、上万家企业实践中锤炼出的欧博心法	中小制造型企业,一定会有很强的共鸣

续表

生产管理	**欧博工厂案例1:生产计划管控对话录** **欧博工厂案例2:品质技术改善对话录** **欧博工厂案例3:员工执行力提升对话录** 曾 伟 著	最典型的问题、最详尽的解析,工厂管理9大问题27个经典案例	没想到说得这么细,超出想象,案例很典型,照搬都可以了
	苦中得乐:管理者的第一堂必修课 曾 伟 编著	曾伟与师傅大愿法师的对话,佛学与管理实践的碰撞,管理禅的修行之道	用佛学最高智慧看透管理
	比日本工厂更高效1:管理提升无极限 刘承元 著	指出制造型企业管理的六大积弊;颠覆流行的错误认知;掌握精益管理的精髓	每一个企业都有自己不同的问题,管理没有一剑封喉的秘笈,要从现场、现物、现实出发
	比日本工厂更高效2:超强经营力 刘承元 著	企业要获得持续盈利,就要开源和节流,即实现销售最大化,费用最小化	掌握提升工厂效率的全新方法
	比日本工厂更高效3:精益改善力的成功实践 刘承元 著	工厂全面改善系统有其独特的目的取向特征,着眼于企业经营体质(持续竞争力)的建设与提升	用持续改善力来飞速提升工厂的效率,高效率能够带来意想不到的高效益
	3A顾问精益实践1:IE与效率提升 党新民 苏迎斌 蓝旭日 著	系统的阐述了IE技术的来龙去脉以及操作方法	使员工与企业持续获利
	3A顾问精益实践2:JIT与精益改善 肖志军 党新民 著	只在需要的时候,按需要的量,生产所需的产品	提升工厂效率
员工素质提升	**跟老板"偷师"学创业** 吴江萍 余晓雷 著	边学边干,边观察边成长,你也可以当老板	不同于其他类型的创业书,让你在工作中积累创业经验,一举成功
	销售轨迹:一位快消品营销总监的拼搏之路 秦国伟 著	本书讲述了一个普通销售员打拼成为跨国企业营销总监的真实奋斗历程	激励人心,给广大销售员以力量和鼓舞
	在组织中绽放自我:从专业化到职业化 朱仁健 王祥伍 著	个人如何融入组织,组织如何助力个人成长	帮助企业员工快速认同并投入到组织中去,为企业发展贡献力量
	企业员工弟子规:用心做小事,成就大事业 贾同领 著	从传统文化《弟子规》中学习企业中为人处事的办法,从自身做起	点滴小事,修养自身,从自身的改善得到事业的提升
	手把手教你做顶尖企业内训师:TTT培训师宝典 熊亚柱 著	从课程研发到现场把控、个人提升都有涉及,易读易懂,内容丰富全面	想要做企业内训师的员工有福了,本书教你如何抓住关键,从入门到精通

营销类:把客户需求融入企业各环节,提供"客户认为"有价值的东西

	书名.作者	内容/特色	读者价值
营销模式	**动销操盘:节奏掌控与社群时代新战法** 朱志明 著	在社群时代把握好产品生产销售的节奏,解析动销的症结,寻找动销的规律与方法	都是易读易懂的干货!对动销方法的全面解析和操盘
	变局下的营销模式升级 程绍珊 叶 宁 著	客户驱动模式、技术驱动模式、资源驱动模式	很多行业的营销模式被颠覆,调整的思路有了!
	卖轮子 科克斯【美】	小说版的营销学!营销理念巧妙贯穿其中,贵在既有趣,又有深度	经典、有趣!一个故事读懂营销精髓
	弱势品牌如何做营销 李政权 著	中小企业虽有品牌但没名气,营销照样能做的有声有色	没有丰富的实操经验,写不出这么具体、详实的案例和步骤,很有启发